tredition®

Buch

Dieses Buch ist eine Gebrauchsanweisung für Männer zum Umgang mit Frauen, ein bisschen frech, aber mit viel Verständnis für die nicht immer leichte Rolle des Mannes.

Autorin

Babette Gott, geboren 1963 in Detmold, ist Diplom-Betriebswirtin, Hotel-kauffrau, zertifizierte Knigge-Trainerin und Mutter zweier Töchter. Während ihrer Elternzeit hat sie sich intensiv mit Psychologie, Lernmethoden und Selbstpräsentation beschäftigt. Durch ihren intensiven Kontakt zu jungen Leuten kennt sie die Schwierigkeiten, die es im Bereich des Kennenlernens oft gibt, vor allem für Männer, die auch heute noch die ersten Schritte machen müssen.

www.kniggealarm.de
b.gott@kniggealarm.de

Babette Gott

Männersachen

Knigge-Alarm!

Druck und Distribution im Auftrag der Autorin:
tredition GmbH, Heinz-Beusen-Stieg 5, 22926 Ahrensburg, Deutschland

Kontaktadresse nach EU-Produktsicherheitsverordnung:
b.gott@kniggealarm.de

Inhalt

1. Wer? - Du.

Du bist ein echter Mann.
Du würdest eine Nacht im Wald überleben.
Du kannst Lampen aufhängen und Reifen wechseln.
Du bist intelligent.

UND DU KANNST EINIGES DAFÜR TUN, DASS
FRAUEN SCHON BEI DER ERSTEN BEGEGNUNG
MERKEN, WIE UNWIDERSTEHLICH DU BIST.

DER KERL iM SPiEGEL

Warum bist du eigentlich immer noch Single? Du bist nicht dumm, hast Humor, findest Mädels toll und bist nett zu ihnen und du siehst auch nicht schlecht aus. Du schaust dich im Spiegel an und bist zufrieden – vielleicht nicht unbedingt am Morgen oder Mittag nach einer durchzechten Nacht – aber im Allgemeinen schon, oder?

Das alles ist schon mal ein guter Ansatz. Fehlt eigentlich nur noch eine Frau, die das auch so sieht … Das ist aber zumeist auch nicht das Problem, sondern eher die Ansprüche an eben diese Frau. Sie muss natürlich super aussehen, tolle Figur, sexy Outfit, High Heels, sie muss gut riechen, dich bewundern, immer scharf auf dich sein, außer wenn du keine Lust hast, dann muss sie kochen können. Stimmt´s? Und hast du sie schon gefunden? Nein? Ok, dann wollen wir sie doch mal suchen.

Natürlich gibt es solche Frauen, viele, auch in deiner Stadt, überall, und manche sind sogar noch Single. Das Problem ist aber: Die wollen keinen Mann mit Bierbauch, dem ein schmuddeliges Hemd aus der Hose hängt, der nach Schweiß und Zwiebeln riecht und am liebsten seine alten Sneaker trägt, weil die so bequem sind. Ok, so bist du ja nicht, aber irgendwie ist ja der erste Eindruck, den du hinterlässt, nicht optimal, sonst hättest du ja schon so ein Mädel.

Oder sind dir diese „Traumfrauen" nun doch zu oberflächlich, weil sie ja nur nach dem Äußeren gehen und gar nicht danach, dass du einfach ein netter Typ bist, zuverlässig und in Ordnung? Dann klapp dieses Buch jetzt schnell wieder zu und schenk es einem Kumpel oder deinem Bruder. Geh in den nächsten Discounter und sprich eine unattraktive, ungepflegte Frau an, die kann durchaus nett sein und hier beginnt vielleicht eine wunderbare Liebesgeschichte. (Aber achte darauf, dass sie keine Fertiggerichte kauft, denn das würde bedeuten, dass sie nicht kochen kann.)

Das willst du auch nicht? Ein bisschen schön wäre schon schön? Dann lass uns doch mal mit Vögeln anfangen, also mit den Tieren – das ist dann vielleicht leichter zu verstehen: Schau dir den Pfau an (den kennt auch jeder Nicht-Biologe). Der macht eine Riesenshow mit seinem Radschlagen, um das Weibchen zu beeindrucken. Er läuft nicht ständig mit diesen aufgestellten Federn rum, aber er tut es, wenn er balzt. Ein ähnliches Brimborium machen auch andere Tiermännchen, und auch beim erfolgreichen Playboy ist ein intensives Balzverhalten zu beobachten.

Was heißt das für dich? Richtig: Du musst das auch tun. Wenn die Natur es nun mal so eingerichtet hat, dass Männchen um die Weibchen werben, dann gilt das auch für dich. Für Balz und Kennenlernen unter Menschen (egal ob bei der Partnersuche oder beim Vorstellungsgespräch) gilt, dass derjenige erfolgreich ist, der zu Beginn eine gute Show macht und sich von seiner besten Seite zeigt. Jetzt komm bitte nicht mit dem Argument, das sei unehrlich und es wäre besser, sich so zu geben wie man immer ist. Du konkurrierst mit denen, die alles geben! Im Übrigen gehst du doch auch selbst davon aus, dass eine Frau, die du abends im Club kennenlernst, sich optimal aufgebrezelt hat und morgens abgeschminkt wohl etwas anders aussieht.

Wenn du dein Auto zu einem guten Preis verkaufen willst, dann wäscht du es vorher und wirst dem potentiellen Käufer die Vorzüge erläutern und die offensichtlichen Nachteile nebenbei erwähnen und vielleicht sogar ein bisschen schönreden. Und dem Käufer ist es bewusst, dass er keinen Neuwagen hat und dass dieses Fahrzeug auch schmutzig werden wird und dann eben nicht mehr glänzt. Trotzdem ist die „Verkaufsshow" das, was er von dir erwartet, denn nur so weckst du seine Begeisterung und die braucht es, damit er dafür sein schwer verdientes Geld ausgibt.

Mach es mit dir selbst genauso: Zeig der Welt deine Vorzüge, mach deine Show! Und bedenke, dass für dich das gleiche gilt wie für jeden Star: Der Act muss zum Publikum passen. In der Oper findest du andere Leute als beim Punkrockkonzert. Wenn du es also auf eine echte Lady abgesehen hast, dann wirst du sie nicht damit beeindrucken, dass du ziemlich schnell eine Kiste Bier leermachen und dann am lautesten rülpsen kannst. Diese Fähigkeit wird dir übrigens bei einem Großteil der Frauen keinen Ruhm einbringen, das ist wohl einer der kleinen Unterschiede zwischen Männern und Frauen. Es gibt noch ein paar mehr – aber dazu näheres in den nächsten Kapiteln. Jetzt nochmal zu dem, der dich da aus dem Spiegel heraus anschaut. Das, was du da siehst, ist das, was jeder der dich nicht kennt, von dir wahrnimmt: dein Aussehen, deine Mimik und Gestik, deine Kleidung. Dann kommt noch deine Stimme, deine Worte und dein Geruch hinzu. Und schon ist der erste Eindruck vollständig.

Charakter und Intelligenz zählen erst später und haben überhaupt nur eine Chance, wenn du diese erste Hürde erfolgreich genommen hast und als Gesprächspartner akzeptiert worden bist. Erst dann hast du die Möglichkeit, einen misslungenen ersten Eindruck wieder wettzumachen – wie gesagt: wenn du so weit kommst …

Aber du hast gute Chancen, denn du guckst gerade in den Spiegel. Du machst dir Gedanken darüber, was andere in dir sehen und wie du richtig rüberkommst. Du liest dieses Buch. Du bist nicht zu blöd, um dazuzulernen. Hey, Typ, ich glaube du bist ein ziemlich toller Kerl! Und wir schauen mal, was du tun kannst, damit die anderen das auch bemerken.

DEIN BODY

Bist du ein Typ, dem die Frauen in der Sauna sehnsuchtsvoll nachschauen? Cool.

Bist du das nicht? Kein Problem – du kannst es werden, wenn du das wirklich willst. Wenn du Schweiß und Mühe nicht scheust, kannst du dir eine gute Figur antrainieren.

Der „Natur-Mann", der weder Bier noch Chips kennt und sein Wild in dunklen Wäldern jagt, anstatt in der Glotze zu verfolgen, wie irgendein Profi sein Hirschmedaillon an kandierten Kohlröschen anrichtet, hat garantiert einen tollen Body.

Manch ein zivilisierter Mann schließt daraus, dass er nur genügend gegrillte Steaks essen muss, um genauso attraktiv zu sein. Das ist allerdings nicht ganz richtig. Du brauchst einfach Sport, wenn du nicht zu den Helden gehörst, die durch ihre Arbeit als Möbelpacker oder Fahrradkuriere genug Bewegung haben. Ein auf dich abgestimmtes Trainingsprogramm, das du in der Muckibude oder zuhause regelmäßig absolvierst, und dann eiweißreiche Ernährung – schon hast du diesen Hingucker-Body. Du musst es auch gar nicht übertreiben, denn die richtige Bodybuilder-Statur kommt bei den meisten Frauen gar nicht so gut an.

Wenn du mit deiner Figur so wie sie ist zufrieden bist, ist es trotzdem eine gute Idee, sich ein bisschen sportlich zu betätigen. Durch regelmäßigen Ausdauersport kannst du z.B. auch deine Potenz verbessern. Zwei bis dreimal pro Woche ein halbstündiges Training verbessert die Durchblutung und erhöht langfristig deinen Testosteronspiegel. Je eher du damit anfängst, desto besser. Mit Verzicht auf Zigaretten kannst du den Effekt übrigens noch steigern.

Das häufigste Figurproblem, das Männer haben – oft sogar trotz Fitnessprogramm – ist der „Bierbauch". Das betrifft auch ansonsten schlanke Männer. Du wirst ihn relativ leicht los, indem du mal eine Zeitlang abends auf Kohlehydrate verzichtest: also kein Bier, keine Kartoffeln, Nudeln, Reis oder Brot, stattdessen lieber Wein, Wasser, Fleisch, Fisch, Käse und alles Gemüse außer Kartoffeln und Mais.

Wenn du stark übergewichtig bist, kannst du zusätzlich deinen Zuckerkonsum einschränken, darauf achten, dass du nicht mehr als drei Mahlzeiten am Tag isst (keine Zwischenmahlzeiten) und keine Snacks.

Damit kannst du bald wieder (nicht nur) deine Füße sehen und ein kleines bisschen Restbauch ist wirklich nicht schlimm.

Was nun noch ins Spiel kommt, ist die Haltung: Du bist ein toller Typ und das muss auch deine Körperhaltung ausdrücken. Steh gerade (Omi hatte recht!), die Schultern etwas nach hinten ziehen, Brustbein rausstrecken und Kopf hoch. Schleich nicht durch die Welt wie ein geduckter Versager, sonst wirst du einer. Schau dir die Haltung der Männer an, die du bewunderst. Wenn der Glöckner von Notre Dame oder irgendein Hobbit nicht dazu gehören, wirst du feststellen, dass sie alle eine sehr aufrechte Haltung haben, egal ob sie Bundespräsident, Boxer, Torwart, Schauspieler, Rockstar oder Kirmesbudenbesitzer sind.

Ok, als Schattenschnitt bist du jetzt schon mal sehr attraktiv. Kommt als nächstes die Farbe. Wenn du von Natur aus dunkelhäutig bist, bist du fein raus. Wenn nicht, bleibt das Problem, dass es gesünder ist, sich nicht der Sonne oder dem Solarium auszusetzen, aber schöner ist man doch mit leichter Bräunung. Im Winter ist ein blasser Körper in unseren Breiten ja akzeptabel, aber im Sommer, wenn du dich weniger bekleidet zeigst, trägt eine schöne Hautfarbe doch sehr zur Attraktivität bei.

Wirklich ungefährlich braun wirst du nur durch Bräunungscreme. Wenn du sie sorgfältig und gleichmäßig verteilst, ist das eine ganz gute Lösung für die Beine – wenn sie nicht zu stark behaart sind – an den ersten Tagen mit kurzer Hose. Nach dem Eincremen unbedingt die Hände gut waschen! Die Bräune kommt erst nach ein paar Stunden. Der Nachteil von Bräunungscreme ist, dass manche Produkte komisch riechen und dass du nur die oberste Hautschicht färbst; das bedeutet, die Farbe hält nur wenige Tage und du hast keine durch eigene Farbpigmente geschützte Haut, musst also in der Sonne unbedingt Sonnencreme mit Lichtschutzfaktor verwenden.

Bräune aus dem Solarium ist ungesund und lässt die Haut schneller altern, und da dort meistens UV-A Strahlen verwendet werden, ist deine Haut in der echten Sonne ebenso ungeschützt als wärest du ungebräunt.

Also doch lieber ein richtiges Sonnenbad? Viele Hautärzte raten davon ab. Wenn du es trotzdem willst, benutze Sonnencreme mit Lichtschutzfaktor, anfangs mit hohem, später mit niedrigerem und gewöhne deine Haut langsam an die Sonne. Heutzutage sind Männer, die sich mit Sonnencreme einreiben, keine Weicheier, sondern vernünftig.

Was nun noch fehlt für einen anziehenden Kerl ist der passende Geruch, passend im Sinne von Quantität und Qualität. Völlig egal wie du riechst – spätestens in zwei Metern Entfernung von dir sollte man dich gar nicht riechen können, es sei denn, man ist ein Hund.

Und wonach solltest du riechen? Man liest doch immer wieder von Versuchen, wo Frauen auf Männerschweiß total abfahren. Natürlich darfst du nach wildem Sex mit ihr nach Schweiß riechen, aber doch nicht vorher. Schweiß riecht, wenn Bakterien ihn zersetzen, und der Geruch ist abhängig von deiner Lebensweise, deiner Ernährung, deiner Gesundheit und deiner psychischen Konstitution.

Wenn du in der Sonne am Meer sitzt und schwitzt, riechst du anders, als wenn du ein stressiges Meeting hast.

Wahrscheinlich hast auch du mal Leute getroffen, deren Geruch dir zu streng war, und wahrscheinlich hast du ihnen das nicht mitgeteilt. Das bedeutet im Umkehrschluss für dich, dass du nicht darauf vertrauen kannst, dass man dir sagt, wenn du stinkst. Das tun höchstens allerbeste Freunde oder Angehörige und du solltest für diese Information dankbar sein, denn das sagt dir keiner gern.

Um es nicht so weit kommen zu lassen, hilft es, sich mindestens einmal täglich unter den Achseln zu waschen und ein Deo zu verwenden. Wenn du dann noch ein frisches Kleidungsstück anziehst, kommst du olfaktorisch gesehen gut an.

Ob du Eau de Toilette benutzt oder nicht bleibt dir überlassen. Wenn du das tust, dann bitte in Maßen, damit dich wirklich nur der Hund aus der Entfernung riechen kann.

Bleibt als letztes noch die Frage der Körperbehaarung. Während die Helden der 70er und 80er Jahre sich unter anderem durch eine ausgeprägte Brustbehaarung auszeichneten, gelten 40 Jahre später die haarlosen Brüste von Chippendales und Co als das Schönheitsideal; auch der Intimbereich ist weitgehend haarlos geworden, ebenso wie Achseln und Beine. Die Beinrasur mag für Radrennfahrer aerodynamische Vorteile haben, aber wenn es für dich egal ist, ob du 3 hundertstel Sekunden eher beim Date am Baggersee bist, kannst du die Haare auch dranlassen. Die meisten Frauen finden das männlich und sexy.

Die Rasur der Achseln bringt den Vorteil, dass sich dort Bakterien, die den Schweiß zersetzen und dadurch unangenehmem Körpergeruch verursachen, weniger gut halten können.

Schau dir im Spiegel mal das Gesamtbild an. Was passt zu dir und wie gefällst du dir am besten? Bei einer starken Rückenbehaarung sieht es komisch aus, wenn Brust und Beine völlig haarfrei sind. Probiere einfach aus, wie du dich am wohlsten fühlst.

DEIN POKERFACE

So langsam kommt der Kosmetikmarkt für Männer in Schwung, zur Freude der entsprechenden Industrie. Früher kam ins Männergesicht nur Rasierschaum und After Shave, heute besitzen die meisten Männer schon eine oder mehrere Cremes. Für eine normale unproblematische Haut reicht eine einfache leichte Creme aus (im Sommer mit Lichtschutzfaktor). Wenn du dich zu blass findest, kannst du auch eine getönte Tagescreme benutzen. Dann komm aber mit deinem Gesicht nicht zu nah an weiße Blusen oder Hemden, denn du färbst ein bisschen ab. Eine getönte Creme wäscht man vorm Schlafengehen ab, entweder mit einem Gesichtswaschgel oder mit Reinigungstüchern.

Bei Pickeln kauf dir am besten eine spezielle Anti-Pickel-creme und zusätzlich ein hautklärendes Reinigungsprodukt, wie Waschgel oder Peeling. Bei schlimmer Akne ist ein Besuch beim Hautarzt zu empfehlen, sonst kriegst du die nicht in den Griff.

Den großen Bereich der Anti-Falten-Cremes kannst du als Mann getrost vergessen. Auch wenn die Kosmetikindustrie etwas anderes propagiert – ein Mann darf auch Falten haben. Frauen wollen keinen Bubi an ihrer Seite und daher musst du dir keine Gedanken machen, ob du jetzt schon vorsorgen musst, um später glatt wie ein Babypopo zu sein. Der Grund für eine intensive Faltenbehandlung bei älteren Männern ist manchmal der, dass sie auf sehr viel jüngere Frauen stehen und es sie stört, wenn man sie dauernd für ihren Vater hält.

Du siehst, es ist gar nicht so schwierig, dein Männergesicht zu pflegen: waschen, rasieren, eincremen, fertig. (Bei Frauen dauert es im allgemeinen länger!) Trotzdem gibt es genügend Typen, denen das für täglich zu viel ist und die sich deshalb einen Vollbart wachsen lassen. Rasur gespart.

Das ist zwar grundsätzlich richtig, aber, wie dir Barbiere und Friseure bestätigen werden, doch falsch, wenn du gepflegt aussehen willst, denn der Vollbart braucht viel mehr Zeit als die Rasur. Schau dir mal Bartträger genauer an, und du wirst den Unterschied sehen zwischen denen, die sich Haare im Gesicht wachsen lassen, weil sie zu faul zum Rasieren sind, und denen, die einen Bart tragen und pflegen wie ein modisches, persönliches Accessoire.

Der gepflegte Bart braucht vor allem ordentliche Konturen. Egal, ob es ein Vollbart oder Schnauzbart ist: Es gibt im Gesicht Bereiche mit Bart und ohne Bart, aber nicht mit ein bisschen Bart oder ein paar Stoppeln. Du musst also ab und zu ein Rasiermesser zur Hand nehmen und die Konturen an den Wangen und am Hals wieder gerade schneiden. Darüber hinaus sollte der Bart auch regelmäßig gestutzt werden. Du musst ihn täglich waschen, wenn er nicht Nistplatz für kleine Lebewesen werden soll. Dafür eignen sich spezielle Bartshampoos, weil sie den Bart weicher machen und pflegen. Anschließend reibst du ihn mit einem guten Bartöl ein oder, wenn du ihm speziellen Halt geben willst, mit Bartwachs. Du siehst schon, das ist ganz schön zeitaufwändig, eigentlich schon ein Hobby. Dafür sieht ein gepflegter Vollbart aber auch toll aus!

Glücklicherweise finden sich in unseren Städten immer mehr Barbiere, die dir entsprechende Pflege anbieten. Ein Besuch lohnt sich für den Freund von glatter Rasur genauso wie für den Bartträger.

Am wenigsten Arbeit hast du mit dem sogenannten 3-Tage-Bart, den du je nach Bartwuchs ein- bis zweimal die Woche mit dem Bartschneider auf die gewünschte Länge bringst. Aber auch hier ist es manchmal sinnvoll, die Konturen zu bearbeiten. Für zarte Frauenhaut ist übrigens dieser Bart bei dir am nächsten Morgen angenehmer als über Nacht nachgewachsene Stoppeln.

Wie der Vollbart lässt dich auch der 3-Tage-Bart älter aussehen. Er ist sozusagen der Vintage-Look fürs Gesicht. Du solltest dir also überlegen, wie du insgesamt aussiehst. Wenn du zerrissene Jeans trägst oder sowieso nicht mehr zu den ganz jungen gehörst (unabhängig ob du dich so fühlst oder nicht), siehst du schnell verwahrlost aus. Mit gepflegter Kleidung oder bei jungen Männern wirkt es cool. Dann gehörst du zur Kategorie „ungezähmter Mann aus der Wildnis", vorausgesetzt du hast den entsprechenden Body.

Guck auch mal, wo in deinem Gesicht sonst noch Haare wachsen. Wenn du Augenbrauen hast wie Besen, die schon über der Nase zu einem großen Balken zusammenwachsen, dann darfst du – auch wenn du der Meinung bist, dass Männer Wildwuchs mit der Machete bekämpfen sollten – mal die Pinzette zur Hand nehmen und ein bisschen was wegzupfen. Das kann aber auch dein Friseur für dich tun. Je dunkler deine Augenbrauen sind, desto mehr beeinflussen sie den Ausdruck deines Gesichtes und entsprechend mehr solltest du auf ihre Form achten.

Mit zunehmendem Alter wachsen übrigens auch die Haare in Ohren und Nase üppiger. Wenn das der Fall ist, kann der tapfere Mann auch hier die Pinzette zur Hand nehmen und Abhilfe schaffen. (Ja, das tut weh.) Aber das sollte für dich jetzt noch kein Problem sein.

Noch ein paar Worte zu den Haaren auf dem Kopf. Wenn du es dir irgendwie leisten kannst, geh regelmäßig zu einem guten Friseur. Das ist nicht zwangsläufig ein teurer Starfriseur, sondern einfach der in deiner Straße, wo die Typen, die rauskommen, immer irgendwie gut aussehen, zumindest auf dem Kopf. Ein guter Haarschnitt macht dich echt attraktiv. Wenn die Farbe stimmt … Du kannst so ziemlich jede Haarfarbe tragen, es sei denn sie ist schlecht gefärbt. Wenn du mit einem „Farbhelm" rumläufst und behauptest, das sei Natur, ist das schon ziemlich albern. Im Durchschnitt kriegen Männer die ersten grauen Haare zwischen 30 und 35. Davor muss es dir aber nicht grauen, denn ein gutaussehender Mann mit grauen Haaren ist mindestens so attraktiv wie mit dunklen oder blonden – man beachte George Clooney.

Natürlich sollte die Haarpracht – egal welche Farbe sie hat – regelmäßig gewaschen werden. Sobald Haare ohne

Gel und Wachs am Kopf kleben, sind sie fettig und hätten spätestens gestern gewaschen werden müssen.

Ok, nun siehst du also top gepflegt aus. Fertig fürs Date. Nichts kann mehr schiefgehen. Doch, eine Sache kann dafür sorgen, dass du garantiert nicht geküsst wirst: Mundgeruch. Das ist ein heikles Thema, ebenso wie Schweißgeruch, weil dir kaum jemand den Hinweis geben wird, dass du nicht gut riechst. Natürlich sagt dir deine Freundin nach einem schönen Knoblauchgericht, dass sie dich jetzt gerade mal nicht so gern küssen mag mit der Knoblauchfahne. Das macht sie dann morgen wieder und alles ist bestens. Wenn du aber mit einer neuen Frau unterwegs bist, die du erst noch von dir überzeugen willst, wird diese dir kaum sagen: „Du bist ein echt netter Kerl, aber du hast so einen Mundgeruch, lass mich mal lieber ein Stück wegrücken." Sie rückt einfach nur weg. Also kein Knoblauch und keine rohen Zwiebeln vorm Date. Auch Schnaps- und Zigarettengeruch ist für viele Frauen unattraktiv.

Um diesem Problem vorzubeugen – und weil es für dich einfach besser ist – empfehle ich dir eine gute Zahnpflege mit regelmäßiger professioneller Zahnreinigung. Für unterwegs kannst du darüber hinaus auch immer Zahnpflegekaugummis oder Pfefferminzbonbons dabeihaben, nach deren Benutzung einem innigen Kuss nichts mehr im Wege steht.

VON HAND UND FUSS

Ein ganzes Kapitel über Hände und Füße? Das mag dich vielleicht verwundern, aber es ist einfach ein wirklich wichtiger Aspekt, um bei deiner Traumfrau zu punkten. Wie schon erwähnt gehe ich davon aus, dass du es auf eine attraktive, gepflegte Frau abgesehen hast, denn sonst würdest du dir vielleicht gar keine Gedanken über deine Erscheinung machen. Diese attraktive, gepflegte Frau darfst du aber nicht mit schmutzigen, ungepflegten Händen anfassen. Deshalb befassen wir uns jetzt mal kurz mit Handpflege.

An den Händen siehst du viel: die Art der Arbeit (mehr am Schreibtisch oder mehr harte, körperliche Tätigkeit, draußen oder drinnen) und den Stellenwert von Körperpflege und Hygiene.

Es ist selbstverständlich, dass ein Mensch, der den ganzen Tag am Schreibtisch sitzt, zartere Hände hat als jemand, der bei der Arbeit hart zupacken muss und draußen arbeitet. Trotzdem kann auch der harte Kerl etwas für seine Handpflege tun. Neben schützenden Arbeitshandschuhen kann er durch Benutzen einer Handwaschcreme mit Peelingeffekt (gibt es nicht nur bei Douglas, sondern auch in jedem Baumarkt) für wirklich saubere Hände sorgen und dabei auch schon mal ein bisschen Hornhaut reduzieren. Richtige Schwielen können mit Bimsstein bearbeitet werden. Nun benutzt du eine gute Nagelbürste und schrubbst mit Seife unter den Fingernägeln und wenn nötig schneidest oder feilst du die Nägel. Lange Fingernägel bei Männern kommen nicht gut an, außer bei Musikern, die damit irgendwelche Saiteninstrumente zupfen müssen. Am Schluss cremst du die Hände mit einer reichhaltigen Handcreme ein. So werden sie schön zart. Das ist wichtig, wenn du die Süße nicht nur angucken willst. Auch du spürst sicher lieber Samt als Sandpapier auf deiner Haut, und so geht es ihr auch; also tu etwas für deine Samtpfötchen.

Nun aber noch ein paar Worte zu den Füßen, die ja die meiste Zeit im Dunkeln tappen. Genau deshalb werden sie auch von vielen Leuten sträflich vernachlässigt. Gegen Fuß- und Nagelpilz gibt es Mittel in der Apotheke oder beim Hausarzt. Hornhaut an den Fersen sollte abgefeilt werden, bevor du auf dicken gelben Hautplatten wanderst, und auch Zehennägel gehören nicht lang, sondern kurz geschnitten. Eine gute Fußcreme macht die Haut zarter und desodoriert.

Gepflegte Füße sind nicht nur im Sommer wichtig, auch im Winter kommst du hoffentlich mal in Situationen, wo du in Anwesenheit der Liebsten die Socken ausziehst, und du willst ihr doch zeigen, dass du ein toller Typ bist und zwar von Kopf bis Fuß!

2. Was? –
Zeig's allen!

Deine Kleidung sagt viel über dich aus, ob du das willst oder nicht, also nutze das als Chance, um das über dich zu kommunizieren, was DU aussagen möchtest.

Wie sollen dich andere sehen?

✔ Bist du der elegante Typ, immer mit Sakko – wahrscheinlich beruflich erfolgreich in einer Branche, wo man sich die Hände nicht dreckig macht?

✔ Bist du der coole Typ mit Lederjacke – wohl eher abenteuerlustig und mutig?

✔ Bist du immer im schwarzen Rollkragenpullover unterwegs – wahrscheinlich irgendwie kreativ, Architekt, Designer?

✔ Oder erdfarben kariertes Hemd und irgendeine Hose – Holzfäller oder Nerd?

Mit deiner Kleidung machst du ein Statement.
Du weckst Erwartungen und schaffst Vorurteile.

Je mehr diese deiner Persönlichkeit entsprechen, desto einfacher ist es für dich, die richtigen Leute kennenzulernen und Enttäuschungen zu vermeiden.

KLAMOTTEN
FÜR TÄGLICH

Reden wir doch mal darüber, was du so an ganz normalen Tagen anziehst, wenn du nicht irgendwo zur Hochzeit eingeladen bist oder zur Beerdigung gehst oder auf deinen Stammplatz in der Südkurve.

Anzüge sind das Thema im Kapitel „Edelzwirn", hier geht es um die lässigere Variante, deine Klamotten für jeden Tag.

Da sind wir dann natürlich bei der guten, alten Jeans. Jeans gehen privat immer und für jeden. Es gibt unterschiedlichste Modelle, und es lohnt sich wirklich, sich mal in einem Jeansladen von einer guten Verkäuferin beraten zu lassen, um die Hose zu finden, die der eigenen Figur am meisten schmeichelt. Die Länge der Hose sollte grundsätzlich bis zum Schuhabsatz gehen. Gelegentlichen Modetrends, wie die knöchellange, bzw. hochgekrempelte Hose, kannst du natürlich im privaten Bereich immer folgen, im Job kommt es auf deine Branche an, ob das akzeptabel ist.

Die Hose sollte so gut sitzen, dass du auch beim Bücken kein Maurer-Dekolleté zeigst. Achte darauf, dass du das Zeug, was du immer dabeihast (Geld, Handy, Schlüssel …), gut in die Taschen kriegst, falls du das willst. Vorsicht ist angebracht, wenn du zu einer auf welche Art auch immer alt-gemachten Jeans greifst mit Löchern oder Farbklecksen. Diese Jeans kann man nicht überall anziehen und vor allem kann sie nicht jeder tragen. Der sogenannte Vintage-Look ist nur für junge, attraktive Leute zu empfehlen. Was bei einem jungen, drahtigen Mann cool wirkt, sieht bei einem nicht ganz jungen oder übergewichtigen Typen leicht ärmlich und bemitleidenswert aus. Eine kluge alte Dame sagte mir einmal: „Je mehr Falten man hat, desto ordentlicher muss die Garderobe sein." Ich denke, das sollte man etwas weiter fassen: Je weniger attraktiv man ist, desto besser sollte man angezogen sein. Die richtigen Klamotten können immer noch einiges rausreißen …

Als Alternative zur Jeans ist die Stoffhose aus Baumwolle – auch Chino genannt – eine gute Wahl, denn du kannst sie auch zu Gelegenheiten anziehen, bei denen du in Jeans underdressed wärest. An heißen Tagen kannst du dich für eine Hose aus Leinen entscheiden (die allerdings sehr knitterempfindlich ist), an kalten Tage bietet sich Wolle oder Cord an.

Noch ein Hinweis zu kurzen Hosen, die grundsätzlich eher ein Kleidungsstück für Urlaubsorte und Freizeit sind: Meistens sind Männerbeine gut geformt; die frauentypischen Probleme, wie Cellulite, habt ihr nicht – freut euch! Ob die Beine nun behaart oder rasiert sein sollten, hängt von den persönlichen Vorlieben der Betrachterin ab. Allgemein beliebt ist aber eine schöne Hautfarbe. Also setz dich erstmal ein bisschen in die Sonne, bevor du mit den blassen Stelzen unter die Leute gehst, oder greif zur Bräunungscreme (vgl. Kap. 1). Kurze Hosen in Restaurants abseits von Strand, Wald oder Badesee sind vor allem am Abend unpassend.

Zu jeder Hose gehört ein Gürtel. Leere Gürtelschlaufen an der Hose wirken stets unangezogen, deshalb benutze einen Gürtel, auch wenn er keine Haltefunktion hat. Er passt übrigens optimal, wenn du den Dorn der Schnalle ins dritte von fünf Löchern stecken kannst. Trägst du Lederschuhe, dann sieht es gut aus, Gürtel und Schuhe im gleichen Farbton zu haben.

Auf die Schuhe gehe ich im nächsten Kapitel noch genauer ein. Hier aber mal ein Hinweis zu den Socken: Natürlich ist dir klar, dass du keine Socken mit Löchern anziehen solltest. Bevor aber die Löcher kommen, werden die Socken erstmal – oft an der Ferse – dünn und durchscheinend. Sie gehören in diesem Zustand nicht in die Kategorie „Reizwäsche", sondern in den Müll! Du willst dich ja nicht für deine Socken schämen, wenn du irgendwo die Schuhe ausziehen musst.

Die optimale Sockenfarbe ist eine Nuance heller als die Schuhe und eine Nuance dunkler als die Hose. Das ist häufig ein Dunkelblau oder Anthrazit. Lediglich zu (hellen) Turnschuhen können die berühmt-berüchtigten weißen Tennissocken getragen werden. Sneaker-Socken, die an der Schuhkante enden, darfst du nicht tragen, wenn du formell gekleidet sein willst. Zu Anzug oder zu Jeans mit Sakko gehören keine nackten Knöchel. Nimm dazu lieber normal lange Socken.

Kommen wir mal zur Bekleidung des Oberkörpers. Das Hemd ist zu Recht der Klassiker im männlichen Kleiderschrank. Es hat allerdings den Nachteil, dass es gebügelt werden muss, sonst sieht man damit einfach nicht gut aus. Das gilt auch für die sogenannten „bügelfreien" Hemden, die lediglich leichter zu bügeln sind. Wenn du ein absoluter Bügel-Verweigerer bist und deine Mutter sich nicht mehr für deine Wäsche verantwortlich fühlt, bleiben dir nur „Seersucker"-Hemden, die krepppartig gewebt sind, oder für den Winter flauschige Flanellhemden oder der Gang zur Wäscherei.

Alle paar Jahre wieder gibt es den Modetrend, das Hemd über die Hose zu tragen. Das kann zwar einigermaßen einen Bierbauch kaschieren, macht aber optisch einen langen Oberkörper und kurze Beine und lässt dich ziemlich geschlechtsneutral rüberkommen. Es ist daher nur etwas für Männer mit sehr langen Beinen und auch nur, wenn der Hemdsaum eher gerade verläuft und nicht oval. Spätestens wenn die angesagten Showmaster ihr Hemd wieder in die Hose stecken, solltest du das auch tun. Wenn du attraktiv aussehen willst, kannst du es immer tun, egal was die Promis machen.

Die optimale Weite deines Hemdes hängt von der Mode und deiner Figur ab. Wenn die Knöpfe es kaum schaffen, das Hemd über deinem Bauch zusammenzuhalten, dann ist es zu klein. Wähle einen Schnitt, der Platz für deine Körperfülle bietet, damit es nirgends spannt. Für eine schlanke Figur ist ein körpernaher Schnitt (slim-fit) das richtige, damit dein Six-pack sichtbar wird.

Es gibt verschiedene Kragenformen. Nimm, was dir am besten gefällt. Wichtig zu wissen ist es nur, dass der Button-down-Kragen, bei dem die Kragenecken festgeknöpft sind, ausschließlich ohne Krawatte getragen wird. Mit Krawatte brauchst du eine Kragenform, bei der die Kragenenden lose sind oder den Tab-Kragen, sonst outest du dich als Ignorant.

Was die Farbe des Hemdes betrifft, geht für den privaten Bereich alles, was dir gefällt. Mit einem weißen Hemd bist du – wenn du nicht ein extrem blasser Typ bist – immer gut an-gezogen. Es muss natürlich sauber sein. Auf Weiß sieht man besonders gut die Schmutzränder an Kragen und Manschet-ten, die sich kaum vermeiden lassen. Daher kannst du so ein Hemd meistens nur einmal anziehen, dann sollte es wieder gewaschen werden. Doch das gilt im Grunde für alle gebü-gelten Hemden, weil sie schon beim zweiten Tragen knitte-rig sind.

Eine beliebte Vorgehensweise von praktisch veranlagten Menschen ist, beim Hemdenkauf eine Farbe oder ein Muster zu wählen, wo Flecken nicht weiter auffallen. Das bedeutet oft nichts anderes als: Das Teil sieht schon von Anfang an schmuddelig aus – lass es im Laden!

Wie elegant dein Hemd aussieht, hängt sowohl von Far-be und Muster als auch vom Stoff ab. Die meisten Hemden sind aus Baumwolle, was gut aussieht und gut zu waschen ist. Je dünner der Stoff desto schicker, je dicker desto legerer. Leinenhemden sind ideal für heiße Tage, da der Stoff sehr kühl ist, aber du hast das Knitterproblem – wie immer bei Leinen. Seidenhemden fühlen sich toll an, sind aber sehr empfindlich und nichts für Leute, die stark schwitzen, da Schweißflecken auf diesem Stoff gut sichtbar sind und nur schwer wieder herausgehen.

Unifarbene Hemden wirken zumeist etwas feiner als gemusterte. Karos machen ein Hemd immer etwas legerer; das gilt besonders für die großen Karos.

Die bügelfreie Alternative zum Hemd ist das Polohemd. Es hat ebenfalls einen Kragen und kann deshalb auch gut mit Pullovern getragen werden. Da es kürzer ist als das Hemd, muss es nicht unbedingt in die Hose gesteckt werden.

Beim Kauf von Polohemden und T-Shirts solltest du schauen, ob sie Elasthan enthalten oder nicht, denn das bestimmt stark mit, wie körpernah sie sitzen. Je nachdem was dir besser steht, kannst du enge Schnitte bevorzugen oder bewusst die Finger davon lassen.

T-Shirts musst du nicht unbedingt bügeln, wenn du sie nach dem Waschen aufhängst, vor allem die, die Elasthan oder Viskose enthalten. Shirts aus reiner Baumwolle neigen dazu, auf Dauer die Form zu verlieren; da hilft es dann nur, ab und zu ein neues zu kaufen oder gleich ein Mischgewebe zu nehmen.

An kalten Tagen hast du die Auswahl zwischen Sweater, Fleece-shirts und Pullovern. Mit einem Fleece-shirt kommst du sportlich rüber, wenn du auch die entsprechende Figur hast; wenn nicht, eher wie der Sportschauer vom Sofa. Das Sweatshirt kommuniziert über seinen Aufdruck (soweit vorhanden). Der muss zu dir passen, denn dementsprechend wirst du von Fremden einsortiert. Wenn du das Shirt von deinem TSV-Handball-Verein trägst, dann geht man davon aus, dass du da irgendwie engagiert bist, was ja üblicherweise positiv ist. Der aufgedruckte Hinweis, dass Bier diesen tollen Körper formte, bringt dir sicher keine Bewunderung. Es ist taktisch unklug als erstes auf die eigenen Unzulänglichkeiten hinzuweisen, es sei denn du kannst dich vor Angeboten von Damen und Girlys gar nicht retten und brauchst mal eine Pause.

Ein Sweatshirt ohne Message ist da neutraler und vielleicht besser …

Übrigens für Leierbündchen an den Ärmeln gilt: die kannst du dir nur leisten, wenn du der Typ für Vintage bist – aber das hatten wir ja schon.

Pullover aus Wolle kriegen mit der Zeit sogenanntes „Pilling", das sind runde Knötchen, die du mit einem speziellen Pilling-Kamm entfernen kannst. Dann sieht dein Pulli wieder aus wie frisch aus dem Laden. Baumwollpullover haben diesen Nachteil nicht, sind aber dafür auch nicht so warm.

Für Pullover und sämtliche Oberbekleidung gilt: Wenn du mehr oder weniger rundlich bist, dann verzichte auf Querstreifen.

Der nach italienischer Art über die Schultern gehängte Pullover ist bei privaten Treffen oder beim Dresscode „casual" eine coole Alternative zum Sakko – zumindest für Nichtraucher. Raucher haben ja immer das Problem, dass sie neben Schlüssel, Handy und Portemonnaie auch noch Zigaretten und Feuerzeug einstecken müssen, sodass Hosentaschen allein nicht ausreichen. Da dient ein Sakko gern auch mal als Transportmittel. Dafür eignen sich bevorzugt die Innentaschen des Jacketts. Bei den Außentaschen ist Vorsicht geboten, da sie leicht ausbeulen und das Gesamtbild dann eher negativ wirkt. Also bitte nicht zu voll stopfen! (Auf Taschen werde ich im Kapitel „Pantoffel- und andere Helden" näher eingehen.)

Aber zurück zum Sakko als Kleidungsstück. Der große Unterschied zwischen dem Jackett und anderen Jacken ist der, dass man es in Gesellschaft anbehält. Wenn du dich dafür entscheidest, mit Sakko zum Rendezvous in die Pizzeria zu gehen und dann merkst, dass es dir zu heiß wird, so zeugt es von guten Umgangsformen, deine Auserwählte zu fragen, ob es ok ist, wenn du dein Jackett ausziehst. (Sie kann darauf nur mit „ja" antworten, ansonsten solltest du den Kontakt langfristig doch besser abbrechen.)

Bei einer Strickjacke, einem dünnen Blouson oder dünner Lederjacke wäre eine Frage nicht nötig. Eine dicke Leder- oder andere warme Jacke ziehst du drinnen sowieso aus, es sei denn du bist auf der Flucht.

Beim Sakko lässt du den unteren Knopf stets offen, die anderen werden zugeknöpft, sobald du aufstehst und aufgeknöpft, wenn du dich hinsetzt. Wenn du magst, kannst du zum Jackett ein Einstecktuch tragen, bevorzugt aus Seide. Ein Einstecktuch zum Sakko und keine Krawatte ist gleichzeitig lässig, cool und elegant. Aber es muss auch wirklich ein Tuch sein: Das Hochzupfen des Innenfutters der Tasche ist keine gute Idee – dann besser die Brusttasche am Jackett leer lassen.

Ob du so ein Tüchlein akkurat faltest oder einfach bauschig einsteckst, bleibt deinem persönlichen Geschmack überlassen.

Zu den Klamotten für täglich gehört auch der wichtige Bereich „Arbeit", wenn du zu den Menschen gehörst, die jeden Tag arbeiten.

Was du zur Arbeit anziehst, hängt natürlich in erster Linie davon ab, wo und was du arbeitest. Für Fitnesstrainer und Tennislehrer sind weiße Socken zum Beispiel ideal, für Bankangestellte und Kellner völlig indiskutabel.

Einige Unternehmen stellen ihren Mitarbeitern eine dem Corporate Design angepasste Berufskleidung zur Verfügung. Das macht es für dich einfach, korrekt gekleidet zu sein. In diesem Fall musst du nur noch dafür Sorge tragen, dass dir die Sachen auch passen, dass sie sauber sind und gepflegt.

Wenn du für die Wahl deiner Klamotten selbst verantwortlich bist, dann hast du drei wichtige Grenzpunkte, zwischen denen du dich bewegen musst:

✘ Dein Chef: Sei nicht eleganter angezogen als er, aber auch nicht wesentlich legerer. Wenn du mit ihm bei Kunden erscheinst, die ihn für deinen Chauffeur halten, kannst du nur hoffen, dass er Humor hat.

✘ Dein Job: Deine Kleidung muss deine Kompetenz unterstreichen. Man will keinen Zahnarzt im Blaumann, keinen Klempner im dunklen Anzug und keinen Finanzberater im Hawaiihemd.

✘ Deine Kunden: Wenn du Know-how verkaufst, sei ein wenig besser angezogen als dein Kunde; ansonsten sollte es ein ähnliches Niveau sein. Das gilt natürlich nicht für Krankenpfleger und Reinigungskräfte im Saunabereich.

Die absoluten No-Gos im Beruf sind: Jede Art von Badelatschen und Sandalen, kurze Hosen, Muskelshirts, Kapuzenpullis und Mützen. Ausnahmen gibt es aber bei Berufen, die mit Sport zu tun haben oder bei denen du extrem hip auftreten musst sowie bei (Berliner) Startups.

EDELZWIRN
& ZUBEHÖR

Wenn du elegant unterwegs bist oder einfach nur Eindruck schinden willst, kommst du nicht ohne ihn aus: Den Anzug, von manchen gehasst, da angeblich „unbequem", von anderen geliebt.

Entstanden ist er aus der Uniform der Offiziere. Durch die betonte Schulterpartie lässt er dich männlich und stark wirken, vorausgesetzt er passt gut und deine Haltung ist aufrecht und selbstbewusst. Aus der Zeit der Kavallerie stammt auch die Eigenart, dass man am Jackett den untersten Knopf offen lässt. So lässt es sich angeblich besser reiten und man kommt wohl auch leichter hinauf aufs Pferd und hinunter. Auch wenn du ohne Gaul unterwegs bist, halte dich an diese Regel, das macht einfach mehr her.

Die Regel gilt allerdings nicht für Zweireiher. „Zweireiher" bedeutet, dass das Jackett zwei senkrechte Knopfreihen hat mit normalerweise je drei Knöpfen, von denen häufig die oberen Zierknöpfe sind. Diese Jacken bleiben immer geschlossen, auch wenn du dich hinsetzt.

Bei den Einreihern gibt es zwei, drei und mehr Knöpfe übereinander. Wie gesagt, der untere bleibt stets offen, die Mitte wird zugeknöpft und beim obersten (von drei oder mehr) hast du die freie Auswahl. Wenn du dich setzt, knöpfst du alle Knöpfe des Einreihers auf, beim Aufstehen schließt du das Jackett wieder – immer!

Zum Kauf eines Anzugs zieh am besten die passenden Schuhe und ein Hemd an, damit du ihn gleich richtig anprobieren kannst. Die Hose sollte ungefähr bis zum Absatz gehen. Wenn sie zu lang ist, wird sie auf dem Schuh zu sehr gestaucht und beult. Die Ärmel der Jacke sollten bis zum Handgelenk reichen. Darunter sollte man noch circa 1 cm von der Hemdmanschette sehen, die wiederum an der Daumenwurzel endet. Die Breite des Revers, die Länge des Jacketts und der Schnitt der Hose hängen von der jeweiligen Mode ab.

Die verschiedenen Hersteller schneidern sehr unterschiedlich, sodass es sinnvoll ist, sich eine Marke zu suchen, die zur eigenen Statur passt. Wenn z.B. die Ärmellöcher zu eng sind, wirst du dich in dem Anzug nie wirklich wohlfühlen. Auch wenn du nicht an jeder Kneipenschlägerei teilnimmst, ist eine gewisse Bewegungsfreiheit doch angenehm.

Apropos Marke: Manche Hersteller nähen außen am Ärmel ihr Markenschildchen an. Egal, welche Marke das ist und egal, wie teuer der Anzug war, mach es unbedingt ab, bevor du ihn trägst!

Als Farbe eignet sich fürs Business, für Vorstellungsgespräche oder Prüfungen immer dunkelblau und anthrazit. Diese Farben vermitteln Seriosität und Power. Braun und grün hingegen wirken weicher und gelten daher als weniger geeignet für solche Situationen und fürs Finanzbusiness allgemein; daher die englische Redensart „No Brown in Town."

Schwarz war lange „Anlass-Farbe", also für Familienfeier, Firmenjubiläum und Beerdigung reserviert, wird aber inzwischen vielseitiger getragen. Wenn du jedoch nur einen Anzug haben willst, bist du mit Dunkelblau oder Anthrazit immer auf der sicheren Seite. Als Besitzer von mehreren Anzügen kannst du natürlich auch für den lauen Sommerabend zu einer helleren Farbe greifen und zu sommerlichen Stoffen.

Ein Leinenanzug ist kühl, allerdings auch etwas lässig, da er immer knittert. Baumwolle knittert zwar weniger, aber am unproplematischsten ist ein sehr leichter Wollstoff oder ein Mischgewebe mit hohem Naturfaseranteil. Für den Winter ist ein Anzug aus schwererer Wolle die richtige Wahl.

Zum gepflegten klassischen Anzug gehört immer auch eine ordentliche Bügelfalte im Hosenbein. Wenn du dieses Kleidungsstück oft trägst, könnte ein elektrischer Hosenbügler als Herrendiener für dich das Richtige sein.

Das T-Shirt zum Anzug ist ein Modetrend und deshalb ein No-Go, wenn du elegant oder seriös wirken willst. Dafür brauchst du ein Hemd, den klassischen Anzugbegleiter. Es sollte so eng geschnitten sein, dass es gut unter das Jackett passt, darf aber nicht am Bauch spannen. Am Kragen müssen bei geschlossenem Knopf noch zwei Finger zwischen Hemd und Hals passen, sonst ist es unbequem, denn wenn du eine Krawatte oder Fliege trägst, machst du selbstverständlich den Kragenknopf zu. Zum normalen Anzug geht jede Kragenform, Button-Down aber bitte nur ohne Krawatte. Manschetten mit einem einfachen Hemdknopf sind natürlich ok, eleganter sind jedoch Umschlagmanschetten, für die du allerdings Manschettenknöpfe brauchst. Wähle möglichst gleiche Metallfarben für Uhr, Gürtelschnalle und Manschettenknöpfe.

Das Hemd zum Anzug ist immer langärmelig. Eine Ausnahme kannst du nur machen, wenn du an einem sehr heißen Tag einen dünnen Sommeranzug trägst. Dann kannst du auch die Ärmel des Sakkos etwas hochschieben. Das ist cool, aber nichts fürs gehobene Business.

Zum feinen Anzug gehört eine Krawatte oder eine Fliege. Auch wenn die Krawatte immer seltener verlangt wird, in dem Sinne, dass man ohne sie negativ auffällt, sollte sich der modebewusste Mann genau überlegen, ob er auf dieses farbige Accessoire wirklich verzichten will. Ein dunkelgrauer Anzug mit weißem Hemd sieht ohne den seidigen Hingucker doch ziemlich langweilig aus. Was mich in meinen Seminaren übrigens immer wieder erstaunt, ist, dass viele coole Jungs sich die Krawatte von Vati oder Mutti(!) binden lassen, weil sie keinen Krawattenknoten beherrschen. Das kann man lernen, und das sollte man auch können. Also lass es dir zeigen. Für den Anfang reicht eine Knotenform. Richtig gebunden reicht die Spitze der Krawatte bis zum Gürtel. Wenn das nicht im ersten Anlauf klappt, probier´s nochmal; nichts sieht alberner aus als eine zu kurze Krawatte, die irgendwo auf dem Bauch endet. Und falls du sehr groß bist oder dein Bauch, frag mal beim Herrenausstatter nach extra langen Krawatten – die gibt es nämlich.

Mit Farbe und Muster der Krawatte kannst du ein Statement setzen. Bei Briten und Amerikanern zeigen die Streifen die Zugehörigkeit z.B. zu einem Club oder einer Schule an, ein Trend, der sich in Deutschland auch zunehmend durchsetzt. Viele Unternehmen bieten ihren Mitarbeitern Krawatten in den Unternehmensfarben an. Berücksichtige das bei deiner Krawattenwahl fürs Vorstellungsgespräch. Du solltest zwar nicht unbedingt mit einem Binder in Firmen-pink erscheinen, aber das Grün des größten Konkurrenten könnte für dich von Nachteil sein – auch Chefs haben ein Unterbewusstsein, das vielleicht durch Farben beeinflusst wird.

Was das Muster betrifft, so kannst du Streifen und Punkte oder unifarbene Krawatten immer tragen. Andere Muster unterliegen mehr der Mode. Vorsicht ist geboten bei kindlichen Mustern wie Bärchen, Herzchen oder ähnlichem. Das nimmt dir die Ernsthaftigkeit, was bei einer Taufe durchaus gut ist, bei einem Vorstellungsgespräch hingegen schlecht. Auch Krawatten aus Leder, Holz oder anderen merkwürdigen Materialien sind für Durchschnittsmenschen in wichtigen Situationen mit anderen Durchschnittsmenschen ungeeignet. Für Künstler, Werbeleute und Fachkräfte im Bereich Drogenhandel und Prostitution gilt das allerdings nicht. Wenn du dich jetzt nicht so recht zuordnen kannst, wähle Seide; das ist das bevorzugte Material für gute Krawatten.

Außer bei Beerdigungen, zu denen man nur schwarze oder anthrazitfarbene Krawatten trägt, bist du in der Farbwahl frei. Je nachdem ob du eher auffallen oder lieber dezent wirken willst, greifst du zur knalligen Farbe (rot, gelb, orange, grasgrün) oder zur gedeckten (hellrosa, hellblau, hellgelb, moosgrün etc.).

Aber was ziehst du an, wenn du zum Ball gehst? Abiball, Abschlussball, Hochzeit deiner Schwester? Der korrekte Anzug für den abendlichen Ball ist der Smoking. Er hat ein Seidenrevers und seitlich an der Hose eine Seidenpaspel. Der Dresscode dazu heißt Black Tie, Cravatte Noire oder Gesellschaftsanzug. Nur wenn du zum Wiener Opernball gehst oder dir der Nobelpreis verliehen wird, brauchst du zwingend einen Frack. Da heißt es dann White Tie, Cravatte Blanche oder Großer Gesellschaftsanzug.

Bei Abi- und Abschlussball scheuen die meisten Jungs die Investition in einen Smoking. Die Alternative ist dann der schwarze oder dunkelblaue Anzug mit Krawatte oder Fliege.

Für diejenigen, die mal richtig mitspielen wollen, hier ein paar wichtige Hinweise für den avancierten Smokingträger:

Du brauchst dazu unbedingt ein Smokinghemd. Es hat eine verdeckte Knopfleiste oder besondere Zierknöpfe und Doppelmanschetten, die du mit Manschettenknöpfen schließt. Die Kragenform variiert vom Stehkragen („Vatermörder") bis zum normalen Hemdkragen. Die Smokinghose hat keine Gürtelschlaufen; sie wird mit einer Bauchbinde, dem sogenannten „Kummerbund", getragen. Die Kummerbundfalten zeigen nach oben. Ebenso gehört eine schwarze Fliege oder Schleife dazu. Im Gegensatz zur Fliege musst du die Schleife selbst binden, das hat aber den Vorteil, dass du sie am späten Abend einfach aufziehst und die Enden lässig runterhängen lassen kannst. Das kommt echt cool rüber.

Wenn du magst, kannst du ein weißes Seidentuch in die Brusttasche stecken.

Der klassische Schuh zum Smoking ist der Lackschuh. Die meisten Männer bevorzugen jedoch einen schlichten schwarzen Glattlederschuh, den sogenannten Oxford. Dazu gehören schwarze, möglichst dünne Socken oder noch besser Kniestrümpfe.

Übrigens trägt man den Smoking nur abends, niemals tagsüber vor 18.00 Uhr. Bei eleganten Sommerfesten ist das weiße Dinner Jackett statt der schwarzen Smoking Jacke das richtige Stück. Alles andere, Hose, Hemd und alle Accessoires, bleibt gleich.

PANTOFFEL- UND ANDERE HELDEN

Es gibt eine Möglichkeit, wie du trotz Super-Edelanzug einen ungepflegten Eindruck machen kannst: Zieh schmutzige Schuhe mit abgelaufenen Absätzen an. Und im Umkehrschluss gilt: Selbst die ausgewaschenste Jeans bekommt einen edlen Touch, wenn du dazu gepflegte, feine Lederschuhe trägst. Es lohnt sich also, mal einen Blick nach unten zu werfen – nein, noch tiefer: auf die Füße.

Bei Männern gibt es die Schuhliebhaber und diejenigen, die ihre Schuhe seltener wechseln als ihre Lebensabschnittsgefährtin. Die Liebhaber hört man oft klagen, dass es für Herren so wenig Auswahl gibt. Zugegeben Pumps sind für heterosexuelle Männer eher ungewöhnlich und können falsch interpretiert werden und bei Sandalen gibt es meines Wissens nach kein Modell, das wirklich Sexappeal verströmt, aber dennoch ist das Angebot für den Mann groß: Sneaker, klassische Lederschuhe wie Oxford und Budapester, Loafer, Bootsschuhe, Mokassins, Boots, Cowboystiefel, Flip-Flops und Spezialschuhe für fast jede Art von Bewegung bieten für jeden Geschmack etwas. Was in den Herrenschuhabteilungen fehlt, ist eigentlich nur das unbequeme, aber schicke Zeug, mit dem sich Frauen Blasen laufen und was Männer deshalb nie anziehen würden.

Wenn du etwas Edles zum Anzug suchst, kaufst du dir am besten schwarze Lederschuhe. Die Klassiker sind sicherlich der „Oxford" und der „Derby" aus Glattleder ohne Verzierungen. Je weniger Muster ein Schuh hat, desto eleganter ist er. Ein Budapester mit dem bekannten Lochmuster ist also deutlich legerer und daher für den eleganten Abendanzug nicht geeignet. Der gute Schuh hat eine Ledersohle und ist rahmengenäht. Bei nassem Wetter ist so eine Sohle problematisch. Du musst sie dann entweder gut mit dem richtigen Lederöl pflegen oder Schuhe mit Gummisohlen anziehen.

Die Eleganz des Schuhs hängt sehr stark von der Dicke der Sohle ab. Die dicke Gummisohle ist im Winter bei Glätte eine gute Sache, wenn du allerdings zur Tanzstunde gehst, nimm etwas mit dünner Ledersohle. Achte immer darauf, dass die Absätze nicht abgelaufen sind.

Damit die Schuhe lange halten, solltest du sie nach jedem Tragen auf einen Schuhspanner ziehen und regelmäßig mit einer guten Schuhcreme pflegen. Dann lohnt sich wirklich die Investition und du musst nicht auf billige Kunstlederschuhe ausweichen, die Schweißfüße machen.

Wenn du eher klein bist, haben Schuhe mit Absatz oder auch Cowboystiefel den Vorteil, dass sie dich etwas größer machen. Es gibt da aber auch einige Spezialschuhe, mit denen du einige Zentimeter größer bist, ohne dass die Absätze hoch erscheinen.

Sandalen sind im Sommer toll für die Füße. Sie sind aber, ebenso wie Flip-Flops und andere Latschen, nichts fürs Business. Zieh sie an, wenn du am Meer bist oder morgens Brötchen holen gehst oder in den Biergarten oder beim Grillen mit deinen Freunden und beim Eis essen mit deiner Liebsten, aber nicht zum abendlichen Rendezvous im gehobenen Restaurant oder zum Gespräch mit der Bank deines Vertrauens. Sandalen sind sozusagen die „Bermudas für die Füße".

Achte darauf, dass deine Füße gepflegt sind und dann ist es auch nicht nötig, sie in Socken zu stecken. Denn spätestens wenn man die Grundschule verlässt, trägt man keine Strümpfe mehr in Sandalen.

Man trägt keine Socken in Sandalen. Man trägt keine Socken in Sandalen. Man trägt keine Socken in Sandalen. Das kann gar nicht oft genug wiederholt werden. (Man trägt auch keine Zehensocken in Flip-Flops – nur für den Fall, dass du dir jetzt gerade Alternativen überlegst …)

Nicht nur coole Promis begehen mit ihrer Schuhwahl gern einen bewußten Stilbruch, indem sie zum Beispiel zum Anzug Cowboystiefel oder Sneakers tragen. Speziell Sneakers werden immer gesellschaftsfähiger und immer öfter auch von „normalen Menschen" mit Anzug oder Kleid kombiniert. Das kann man dort machen, wo es keinen festen Dresscode gibt oder wenn es dem eigenen Image entspricht oder in Berlin. Sneakers sollten aber trotzdem sauber und ordentlich aussehen.

Wenn du aber perfekt angezogen sein willst, weil es dein Vorstellungsgespräch ist oder deine Hochzeit, dann sollten auch deine Füße mit gepflegten Lederschuhen korrekt gekleidet sein.

Es zeugt von gutem Geschmack, Gürtel und Schuhe in der gleichen Farbe zu wählen. Trägt man auch noch eine Tasche aus Leder, dann kann sie ebenso diese Farbe haben, muss aber nicht unbedingt. Meistens ist die Tasche des Mannes eher Transportbox als modisches Accessoire. Trotzdem solltest du sie mit Bedacht wählen: Das Material muss zu deinem Kleidungsstil und vor allem zum Stil deiner Schuhe passen. Wenn Turnschuhe ok sind, dann ist auch eine leichte Tasche aus Kunstfasern passend; hast du dich für Lederschuhe entschieden, dann nimm auch eine Tasche aus Leder oder in „Lederoptik".

Eine Ausnahme sind natürlich spezielle Koffer für deine Berufsausrüstung, sei es nun Fotoausrüstung oder Zauberutensilien. Hier steht der Schutz des Inhaltes im Vordergrund und der Koffer muss nicht auf dein Outfit abgestimmt sein.

Abends zuhause kannst du dann die Tasche abstellen, die Schuhe ausziehen und in die bequemen Pantoffeln schlüpfen. Und dann klingelt es an der Tür ...

Kann man, wenn Besuch kommt, die Hausschuhe anbehalten oder nicht? – eine häufige Frage in meinen Seminaren. Das kommt darauf an, wer es ist. Familie, Freundin, Kumpels, Feuerwehr und alle, denen man auch im Bademantel entgegentreten würde, kann man auch in Hausschuhen empfangen. Ebenso alle, die bei dir ihre Schuhe ausziehen. Für Besucher, die dir nicht so nahestehen, oder Besucherinnen, die du beeindrucken willst, solltest du dir richtige Schuhe anziehen. Du fühlst dich dann auch sicherer, weil ihr style-mäßig auf einer Ebene seid. Gibt es einen besonderen Anlass, egal ob Party oder Weihnachtsessen, dann wählst du natürlich auch die entsprechenden Schuhe, denn du willst ja dein Outfit unterstreichen.

Das alles gilt selbstverständlich genauso für Menschen, die zuhause lieber Socken als Hausschuhe tragen.

3. Wo? - Deine Welt

DER EINDRUCK, DEN DU AUF ANDERE MENSCHEN MACHST, HÄNGT NICHT NUR VON DIR SELBST AB, SONDERN AUCH VON ALLEM, WAS ZU DIR GEHÖRT.

Dein **Umfeld**,

deine **Freunde** und

alles, was dir **wichtig** ist,

prägt dich und wird daher von Frauen, die dich kennenlernen, gewertet.

Das führt manchmal zu Fehleinschätzungen, besonders in den Bereichen, wo etwas von dir gar nicht wahrgenommen wird, weil es schon immer so war.

dir fällt vielleicht gar nicht mehr auf, dass auf deinem handtuch ein bild von benjamin blümchen ist;

JEMANDEM, DER DICH ZUM ERSTEN MAL BESUCHT, SCHON.

Deshalb lohnt es sich, mal einen Blick aus einer anderen Perspektive auf deine Welt zu werfen.

DEINE HÖHLE

Hast du eine eigene Wohnung oder wohnst du noch bei deinen Eltern? Wenn du noch in der Ausbildung bist, ist das ja vielleicht notwendig und daher ok. Wenn du allerdings dein eigenes Geld verdienst und es dir leisten kannst, solltest du spätestens mit 22 ausziehen. Zum echten Mann gehört einfach die eigene Höhle, auch wenn deine Eltern toll und modern sind und du dich mit ihnen super verstehst. Irgendwann musst du in der Lage sein, deine Klamotten selbst zu waschen und dir allein etwas zu essen zu machen. Es ist gut für dich, wenn du die Erfahrung machst, dass du dich allein organisieren kannst. Genieß die Freiheit, die dir die Unabhängigkeit bringt! Hol dir Freunde und Freundinnen nach Hause!

Kommen sie gern zu dir? Oder hast du es schon einmal erlebt, dass deine Auserwählte dich weniger attraktiv fand, nachdem sie in deiner Wohnung war?

Wenn ja, dann geh einmal durch deine Wohnung und versuche, sie mit den Augen einer Besucherin zu sehen. Gefällt sie dir? Findest du, dass sie zu dir passt?

Bei den Wohnungen von heterosexuellen Singles erkennt man meist sofort, ob dort ein Mann oder eine Frau wohnt. Frauen wollen sich in einer Wohnung wohlfühlen und haben deshalb häufig unnötige Dinge wie Pflanzen, Bilder, Kerzen und Unmengen von Kissen und Dekoartikeln.

Männer hingegen wollen in einer Wohnung (über-)leben und haben das entsprechende Equipment für die „drei F"*: Kühlschrank, Bett, Fernseher. Manche wundern sich dann, dass sie nicht in jedem Lebensbereich erfolgreich sind, weil z.B. Frauen sich bei ihnen zuhause so gar nicht wohlfühlen – ganz schlechte Voraussetzung fürs zweite F …

Jetzt stell dir einmal vor, deine Angebetete kommt zum ersten Mal zu dir nach Hause …

Wie ist die Luft in deiner Wohnung? Frisch, kalt, verraucht, muffig? Hast du Haustiere, die man riecht? Kann man das ändern?

Lüfte täglich mehrmals und benutze – wenn nötig – für müffelnde Polster oder Teppiche geruchsneutralisierende Sprays oder lass die Teile reinigen. Zusätzlich kannst du Duftstäbchen aufstellen. Passe sie der Raumgröße an; sie sollten eher einen Dufthintergrund bilden. Als Raucher überlege dir, ob du in jedem Zimmer rauchen musst. Ein rauchfreies Schlafzimmer ist gesünder für dich und trägt dazu bei, dass deine Kleidung, wenn sie dort untergebracht ist, weniger oder gar nicht verraucht riecht. Eine rauchfreie Küche ist ein Muss, wenn du gern und gut kochst (oder sie). Volle Aschenbecher sind (nicht nur) in der Küche echt unappetitlich.

Wichtig ist auch die Temperatur in deiner Wohnung. In einer zu kalten Wohnung ist es immer ungemütlich, und eine Frau ist im Allgemeinen etwas kälteempfindlicher als ein Mann. Sie muss dann bei dir immer im dicken Rollkragenpulli rumlaufen, was schade ist, wenn sie eine Figur hat, von der du gern mehr sehen würdest. Wenn deine Heizung nicht genug Wärme schafft, stell einen leisen Heizlüfter auf, damit du das Zimmer auf Wohlfühltemperatur bekommst. Das ist übrigens auch eine Empfehlung fürs Schlafzimmer, wenn du nicht nur schlafen willst …

Ok, die Luft ist also rein und warm. Wie hältst du es mit den Türen? Sind alle geschlossen oder offen? Es gibt ein paar gute Gründe Zimmertüren zu schließen: ein Temperaturgefälle zwischen zwei Räumen, Zugluft, Unordnung, Mitbewohner, gefährliche Haustiere und Feuer. Ist das alles nicht der Fall, solltest du die Türen in deiner Wohnung höchstens anlehnen, wenn dein Besuch diese Zimmer betreten und sehen darf. Als Gast öffnet man ungern geschlossene Türen, denn diese bilden eine starke psychologische Barriere; man will nicht die Privatsphäre des Gastgebers verletzen.

Weit geöffnete Türen – Ausnahmen sind Bad und WC – hingegen signalisieren Offenheit und Aufrichtigkeit: Hier ist man willkommen, darf sich überall frei bewegen, es lauert nirgendwo Gefahr. Außerdem lassen offene Zimmertüren deine Wohnung größer wirken.

Auch die Fenster sind einen Gedanken wert: Eine Frau, die dich noch nicht lange kennt und zum ersten Mal besucht, wird sich vermutlich komisch fühlen, wenn du sie in ein Zimmer führst und dann die Vorhänge oder – noch schlimmer – Rollläden schließt, weil es draußen schon dunkel ist oder – ganz schlimm – demnächst dunkel wird und du das immer so machst. Dann noch die Zimmertür zu und schon hast du sie eingesperrt, zumindest fühlt sich das so an. Vermutlich wird sie dir das nicht sagen, vielleicht ist es ihr gar nicht bewusst, aber die Stimmung ist garantiert etwas reserviert.

Anders ist es, wenn ihr euch darüber einig seid, dass ihr euch körperlich sehr nahekommen wollt und ein Grundvertrauen schon vorhanden ist. In diesem Fall sorgen zugezogenen Gardinen für eine intime Atmosphäre und mit ein wenig schönem Licht hast du ein kuscheliges Liebesnest gezaubert.

Dass die Vorhänge schon beim Eintreffen des Gastes geschlossen sind, ist nur dann sinnvoll, wenn es draußen stockdunkel ist, denn das ist vor allem bei großen Fenstern unangenehm. Eine bessere Alternative ist es, draußen ein wenig Beleuchtung zu schaffen, wenn das möglich ist. Der illuminierte Garten oder Balkon lässt die Wohnung großzügiger erscheinen.

Und wo wir gerade bei der Beleuchtung sind: Du brauchst in deiner Wohnung unbedingt zwei Sorten von Licht: eins zum Sehen und eins zum Weniger-Sehen. Du musst natürlich eine helle Lampe haben zum Lesen, Rasieren, Bügeln, Kochen, Werkeln und Putzen. Du brauchst aber auch eine Beleuchtung, die gemütlich ist zum Essen, Trinken, Reden, Knutschen und wenn nicht geputzt ist. Dazu eignet sich am besten eine dimmbare Lampe mit warmem Licht und zusätzlich ein paar Kerzen oder Teelichter. Stell sie so auf, dass nichts brennt, wenn du sie mal ein Stündchen unbeobachtet lässt.

Kommen wir mal zu deiner Einrichtung. Wo willst du mit ihr sitzen? Ein dicker, sauberer, gemütlicher Teppich lädt natürlich dazu ein, es sich darauf bequem zu machen. Da wahrscheinlich weder du noch sie das Alter für Rückenleiden hat, ist das eine gute Idee. Vielleicht ist es nötig, ein Tablett oder ähnliches bereit zu stellen, wo ihr Gläser und Flaschen abstellen könnt, ohne dass etwas umfällt. Je gemütlicher und weicher der Teppich, desto weniger ist er als Abstellfläche geeignet. Und ein umgekippter Lambrusco auf hellem Teppich haut dir die ganze Romantik um.

Hast du ein Sofa? Das ist besser als Stühle, wenn du nicht auf dem Boden sitzen magst, denn auch hier ist der Übergang vom nebeneinander Sitzen zum Kuscheln fließend. Wenn du ein kleines Apartment mit Schlafsofa hast, dann lass es für die erste Verabredung aber besser zusammengeklappt. Das ist weniger direkt.

Egal ob Schlafsofa oder Schlafzimmer – achte auf deine Bettwäsche! Wechsele sie häufiger als deine Bettgefährtinnen, dann ist auch die Wahrscheinlichkeit sehr gering, dass eine Frau in deinem Bett Haare findet, die weder von dir noch von ihr sind. Und kauf dir mal eine neue Bettwäsche für Erwachsene, also nicht die alte Comicbettwäsche, die du schon als Kind mochtest und auch nicht die von Bayern München, denn es könnte ja sein, dass du mal eine wirklich tolle Frau kennenlernst, die BVB-Fan ist.

Eine einfarbige Garnitur, vielleicht mit dezenten Streifen, ist immer richtig und sieht edel aus. Nimm möglichst Baumwolle, weil man darin weniger schwitzt als in Polyester- oder Mikrofaserwäsche. Wenn du nicht bügeln oder die Sachen zur Heißmangel bringen willst, kannst du sogenannte „Seersucker"-Bettwäsche kaufen, die ist von Natur aus krumpelig.

Selbstverständlich hast du dein Bett ordentlich gemacht, bevor dein Damenbesuch erscheint, d.h. du hast das Laken glattgestrichen, Decke und Kissen gut gelüftet und dann aufgeschüttelt und schön glatt hingelegt. Natürlich ist dein Schlafzimmer ordentlich: keine Klamotten, leere Flaschen oder sonstiger Kram liegt rum. Nur die Literatur, die du zurzeit liest, kann auf deinem Nachttisch liegen, falls es nicht Pornos sind; es sei denn du WEISST, dass sie auch deine neue Flamme antörnen.

Ob du mit deiner Besucherin überhaupt im Bett landest, hängt nicht zuletzt von der Sauberkeit deiner Wohnung ab. Ich spreche nicht von ein paar Staubflocken auf dem Boden oder einem kleinen Spinngewebe oben an der Wand, das ist nicht so schlimm. Wichtig ist der Gesamteindruck: Wenn auf deinem Esstisch klebrige Glasränder sind, die Klobrille so aussieht, dass man sie nicht anfassen mag, und die Spüle voll ist mit schmutzigem Geschirr, das schon Heimat von unbekannten Kleinstlebewesen geworden ist, dann wird die Frau davon ausgehen, dass du selbst auch wohl nicht überall ganz sauber bist. Wenn sie Wert auf Hygiene legt, kannst du damit rechnen, dass sie weder dich anfassen, noch sich von dir befummeln lassen wird. Wahrscheinlich muss sie relativ schnell gehen und besucht dich nie wieder. Um dem vorzubeugen, musst du putzen oder dir jemanden suchen, der für dich putzt. (Und schließe trotzdem den Toilettendeckel, wenn du ein Bahnhofsklo-Ambiente vermeiden möchtest.)

Ins Bad gehören natürlich saubere Handtücher, Seife, eine sichtbar platzierte Ersatzrolle Toilettenpapier und unbedingt ein geschlossener Mülleimer. Frauen haben nun mal Tage, an denen sie Tampons oder Binden entsorgen müssen, und das sollten sie nicht in der Toilette tun. Ein netter Zug ist es, wenn du als Mann ein paar Tampons vorhältst. Die können durchaus sichtbar hingestellt werden, vielleicht beim Toilettenpapier oder wo es gerade passt. Kaufe einfach die Größe „normal", damit kommt jede Frau zumindest vorübergehend gut zurecht. Du gibst dadurch allerdings zu erkennen, dass du gelegentlich Damenbesuch hast. Eine sehr eifersüchtige Freundin könnte damit ein Problem haben, vor allem dann, wenn du dich in deiner Wohnung nur zum Schlafen aufhältst. Ist dein Zuhause ein beliebter Treffpunkt, wo deine Jungs und Mädels ein- und ausgehen, sollte das kein Streitpunkt sein.

Und wo wir gerade das Thema „Hygieneartikel" haben, sei noch darauf hingewiesen, dass es klug ist, wenn du Kondome im Haus hast. Sie sollen nicht sichtbar rumliegen, aber du musst wissen, wo sie sind und auch problemlos drankommen.

Neben den Gegenständen, die du für dich zum Überleben in deiner Höhle brauchst, kannst du noch ein paar Sachen besorgen, die es gemütlich machen, falls du gern mal eine Frau mit nach Hause nimmst. Pflanzen sind gut, müssen allerdings gegossen werden. Im Allgemeinen brauchen Grünpflanzen mit dicken, fleischigen Blättern übrigens weniger Wasser als dünnblättrige wie Farne; vielleicht halten sie bei dir durch. Und es gibt ja auch noch Kakteen, die wirklich schwer totzukriegen sind.

Völlig ohne Wasserzufuhr überleben Bilder und andere Kunstobjekte. Wenn du was Interessanteres haben willst als Ikea- oder Baumarktkunst, geh doch mal über Flohmärkte oder einfache Kunstmärkte. Da gibt es häufig schöne Sachen für wenig Geld. Gemalt kannst du auch nackte Frauen aufhängen; als Foto kommt das oft nicht so gut an, vor allem dann, wenn die Süße auf dem Bild deine Ex-Freundin ist. Apropos: Räum die Sachen von deiner Ex weg, denen man ansieht, dass sie Altlasten aus Beziehungen sind, sowohl das „Ich liebe dich"-Herzkissen als auch den kitschigen „Träume nicht dein Leben, sondern lebe deinen Traum"-Becher. Auch Schminksachen im Bad kannst du deiner Ex zurückgeben oder – wenn sie sie nicht mehr will oder nicht abholt – wegschmeißen.

Jetzt ist deine Wohnung bereit fürs Date mit der neuen Traumfrau. Stell noch etwas zu trinken kalt, hol' die Kerze her und dann vielleicht noch ein Schälchen mit Naschzeug auf den Tisch: Schokolade, Obst, Studentenfutter oder Chips. Musik an und los geht´s.

DEiN PFERD(-ERSATZ)

„Was für den freien Indianer, Tartaren oder Jäger sein Pferd war, ist für den heutigen Mann sein Auto", so wird das besondere Verhältnis des Mannes zu seinem Fortbewegungsmittel erklärt. Ob das stimmt, möchte ich hier gar nicht beurteilen. Nichtsdestotrotz sagt aber Art und Zustand deines Autos sehr viel über dich aus, und deshalb ist es mir ein Kapitel wert.

Wenn ein Mann einen anderen fragt, was er für ein Auto fährt, so antwortet der z.B. „einen Z1". Der Fragende weiß dann genau, welche Marke das ist und hat ein Bild vor Augen. Das ist bei einer Frau nicht selbstverständlich. Frauen haben andere Prioritäten. Wenn eine Frau diese Frage an eine andere Frau richtet, wäre die Antwort z.B. „ein weißes Cabrio", eventuell „ein weißes BMW-Cabrio". Frauen interessieren sich meistens viel weniger für die Technik als für das Aussehen.

Wichtig für die Frau ist, dass das Auto fährt, dass es so klingt als würde es noch mehr als eine Fahrt durchhalten, dass es hübsch ist und man auch Musik hören kann. Im Sommer ist natürlich ein Cabrio von Vorteil, und wenn du eine leichte Decke und ein feines Seidentuch (von deiner Mutter oder Schwester, nicht von deiner Ex!) zur Verfügung stellen kannst, dann kann sie auch bei dir mitfahren, wenn es ein wenig frischer ist und sie nicht darauf eingestellt war.

Ein Bus oder Van zeigt, dass du wohl ganz gern mit vielen Leuten unterwegs bist oder eine Familie hast oder vielleicht gern hättest. Er prädestiniert dich zum Helfer bei Umzügen und Transporten; das kann ein Vorteil sein, aber auch ein Nachteil. Gleiches gilt für den Kombi.

Besonders gut für die Zweierbeziehung ist natürlich der Zweisitzer: Du hast gar keinen Platz, um auch noch die beste Freundin oder die kleine Schwester mitzunehmen, und auch dein Kumpel muss selber sehen, wie er nach Hause kommt. Das sind schon mal beste Voraussetzungen ...

Was Frauen auch weniger interessiert sind vielfältige Tunings, zusätzliche Spoiler oder Rallyestreifen. Sogar die Sauberkeit des Autos von außen ist kein großes Thema, solange man noch die Türgriffe anfassen kann, ohne sich die Hände waschen zu müssen. Von innen sollte es aber einigermaßen sauber sein, vor allem die Sitze. Tierhaare, Flecken und Dreck sind nichts, wo man sich gern draufsetzt. Unordnung im Auto ist hingegen für die meisten Frauen kein Thema, solange nicht der Eindruck entsteht, es handele sich um eine fahrende Mülltonne.

Als Raucher solltest du deine Mitfahrer immer fragen, ob es sie stört, wenn du im Auto rauchst. Bei Nichtrauchern verzichte lieber darauf, denn Zigarettenrauch im Auto führt wirklich bei vielen zu Übelkeit, und ein offenes Fenster schafft da wenig Abhilfe, da zwar Zugluft reinkommt, aber der Rauch nicht richtig abzieht. Wenn du selbst Nichtraucher bist, dann sollte es für deine Begleitung selbstverständlich sein, in deinem Auto nicht zu rauchen. Tut sie es dennoch, weise sie freundlich daraufhin, dass es dir nicht recht ist. Eine Ausnahme ist lediglich das Cabrio mit geöffnetem Verdeck; da kann sich wirklich niemand über Luftmangel beschweren. Allerdings wird ein passionierter Nichtraucher es übelnehmen, wenn in seinem Auto der noch jungfräuliche Aschenbecher benutzt wird.

Wenn es die Situation zulässt (bei Bonnie und Clyde ist das meistens nicht der Fall), hältst du ihr die Beifahrertür auf und schließt sie hinter ihr. Das gleiche gilt fürs Aussteigen, falls sie nicht schon allein ausgestiegen ist. Ebenso ist es klar, dass du ihr Gepäckstücke abnimmst und in den Kofferraum packst.

Übrigens sagt es ziemlich viel über den Status aus, wer im Auto wo sitzt. Wenn du selbst fährst und nicht dein Chauffeur, dann ist der „beste" Platz der Beifahrersitz. Dorthin gehört die Frau, die du im Leben oder auch nur in dieser Nacht gern an deiner Seite hättest. Wenn ihr schon länger ein Paar seid, kann sie diesen Platz an einen anderen Mitfahrer abtreten, aber das sollte von ihr ausgehen, bzw., du fragst sie, ob es ihr recht ist, wenn Deine Mutter, der Besucher oder dein Kunde vorne sitzt. Mach das aber bitte so, dass es kein anderer mitbekommt. Wenn sie ablehnt, schenk ihr einen Gutschein für ein Knigge-Seminar.

Bei zwei Paaren im Auto setzen sich oft die Mädels nach hinten und die Männer nach vorn, um sich besser miteinander unterhalten zu können. Das ist ok. Nicht ok ist es, wenn du mit zwei Frauen unterwegs bist (Glückspilz?) und beide sitzen hinten (nein – Chauffeur!). Oder wenn du mit deinem Kumpel zusammen gerade eine richtig tolle Frau kennengelernt hast, ihr fahrt in eine andere Bar und du setzt sie nach hinten. Damit machst du ihr deutlich, dass dir der Junge neben dir wichtiger ist als sie – ein überaus ungeschicktes Verhalten für heterosexuelle Männer … Also biete ihr den Beifahrersitz an!

Während der Fahrt kümmerst du dich darum, dass die Lüftung angenehm ist und nicht zieht, ebenso wie das offene Fenster. Lass sie die Musik auswählen. Aber nehmt trotzdem Rücksicht auf die Leute auf den hinteren Plätzen. Musik ist dort oft lauter als vorne und bei geöffnetem Fenster zieht es hinten auch mehr.

„Zugluftprobleme sind was für Weicheier", denkst du vielleicht jetzt als wetterfester Radfahrer und fragst dich, wie du es machen sollst, wenn du dein Bike dabei hast, sie aber nicht. Auf keinen Fall darfst du neben ihr herfahren, weder im Schritttempo noch mit einem Fuß auf dem Pedal rollernd, sondern gar nicht. Man nennt das „schieben". Ja, das ist langsam. Die schnellere Alternative ist, sie auf der Stange oder dem Gepäckträger mitzunehmen. Vor allem das auf-der-Stange-Sitzen hat eine gewisse Romantik, geht aber nur irgendwo im Grünen, wo es keinen Verkehr und keine Ordnungshüter gibt. Was aber immer geht, ist, ihr anzubieten, die schwere Tasche aufs Fahrrad zu packen, damit sie sie nicht tragen muss. Vielleicht lehnt sie ab, weil die Tasche gar nicht so schwer ist, aber allein deine Frage war schon „total süß". Du siehst, man braucht nicht mal ein Auto, um Eindruck zu machen.

Übrigens: Der letzte Absatz gilt genauso, wenn du mit dem Pferd unterwegs bist.

DEINE FAMILIE

Deine Herkunftsfamilie, also Eltern, Geschwister und andere Verwandte, mit denen du in deiner Kindheit viel Zeit verbracht hast, hat dich stark geprägt. Häufig beeinflusst das das ganze Leben, weil wir uns entweder völlig gegensätzlich oder genauso verhalten, wie wir es in unserer Familie erlebt haben. Wenn du dich wie dein Vater verhältst und dir eine Ehefrau suchst, die deiner Mutter in ihren Eigenschaften sehr ähnelt, dann kann deine Ehe ähnlich verlaufen wie die deiner Eltern – im Guten wie im Schlechten.

Wird eine Liebesbeziehung verbindlicher, spielen immer die eigenen Familienerfahrungen mit rein. Das ist gar nicht zu verhindern. Umso wichtiger ist es, dass du dir das bewusst machst und für dich selbst entscheidest, wie viel du darüber hinaus deine Eltern reinreden lässt und wie eng die Beziehung zwischen ihnen und deiner Liebsten sein sollte. Das hängt unter anderem davon ab, wie weit entfernt sie wohnen, wie gut euer Verhältnis ist und wie viel Interesse sie an dir haben und du an ihnen.

Falls du noch bei deinen Eltern wohnst, solltest du eine neue Freundin möglichst bald vorstellen, am besten noch vor dem Frühstück und am allerbesten noch am Abend davor.

Für den Familienmenschen, der täglich seine Verwandten trifft und ein enges, positives Verhältnis zu ihnen hat, ist es sinnvoll, eine neue Partnerin recht früh im Clan einzuführen. In diesem Fall wäre eine Disharmonie wahrscheinlich ein Grund, die Beziehung schnell zu beenden.

Bist du deiner Familie räumlich und seelisch weniger nah, so kannst du dir damit Zeit lassen, die neue Freundin „zuhause" vorzustellen. In dem Moment, wo du für dich beschließt, dass das mit euch was Ernstes ist, nimmst du sie beim dritten Elternbesuch mit. Beim ersten überlegst du es dir nochmal gut und erzählst mehr über sie; beim zweiten kündigst du an, sie nächstes Mal mitzubringen und beim dritten tust du das.

Natürlich bereitest du sie gut auf das Treffen vor: berichtest ihr von deinen Eltern und ihren Eigenarten, zeigst Fotos, erklärst wie man sich bei euch als Besucher verhält, gibst Tipps für Mitbringsel und passende Smalltalk-Themen für die erste Begegnung. Auch auf bestehende NoGo´s solltest du hinweisen, wie z.B. sprechen während der Tagesschau oder mit Schuhen über den neuen Teppichboden laufen. Du kannst auch im Vorfeld mit deinen Eltern klären, wie man sich anreden soll (du, Sie, Vorname?) und ihr dann entsprechende Hinweise geben.

Wenn dann das Treffen stattfindet, bist du natürlich an ihrer Seite. Sie ist der Gast und du bist dafür verantwortlich, dass sie sich wohlfühlt. Deine Aufgabe ist es, für gute Stimmung zu sorgen und alle einander näher zu bringen. Falls du am Wohnort deiner Eltern noch andere Leute treffen willst, nimmst du die Freundin natürlich mit und parkst sie nicht bei deinen Eltern. Ist das nicht möglich, dann verschieb das Treffen mit den alten Freunden lieber auf einen späteren Besuch.

Auch deine Eltern bereitest du auf das Treffen vor, indem du ihnen die Vorzüge der neuen Frau schilderst, soweit diese elterntauglich sind. Besondere Fähigkeiten im Bett, Trinkfestigkeit und gute Verbindungen zu Dealern gehören im Allgemeinen nicht dazu. Beantworte die wichtigsten Fragen deiner Eltern im Voraus, damit sie deine Freundin nicht verhörartig ausfragen müssen. So werden ihnen wahrscheinlich manche Sorgen genommen und sie können sich schon mal mental auf die Begegnung einstellen.

Das gilt auch für das Zusammentreffen deiner Liebsten mit anderen Familienmitgliedern. Am angenehmsten für sie ist es, deinen Clan nach und nach kennenzulernen und natürlich die Netten zuerst. Die zickige Schwester und den mürrischen Großvater kannst du für später aufsparen, wenn deine Süße schon weiß, dass du eigentlich eine sehr nette Familie hast.

DEINE KUMPELS, HOBBYS & ANDERE FREIZEIT- BESCHÄFTIGUNGEN

„Sag mir, mit wem du gehst, und ich sage dir, wer du bist." ein altes Sprichwort, das viel Wahres enthält. Inzwischen ist es wissenschaftlich untersucht und bewiesen, dass man den Menschen, mit denen man sehr viel Zeit verbringt, immer ähnlicher wird. Aber auch ohne dieses Wissen wird man dich in deiner Gruppe als Teil derselben sehen und die hervor- stechenden Eigenschaften der Einzelnen werden auf dich übertragen. Das ist dann von Bedeutung, wenn du mit dei- nen Kumpels unterwegs bist und eine neue Bekanntschaft machst. Ihre Reaktion bezieht sich nicht nur auf dich, son- dern auch auf diejenigen, die dich begleiten, und da macht es einen großen Unterschied, ob das betrunkene Skinheads, bekiffte Hippies, zugekokste Werbeleute oder nüchterne Marathonläufer sind. Wenn du also nie bei den richtigen Frauen landen kannst, guck doch mal, ob du vielleicht mit den falschen Leuten unterwegs bist.

In Lebenssituationen, in denen du dich gerade stark veränderst, weil zum Beispiel ein neuer Lebensabschnitt beginnt (Studium, Ausbildung, neuer Job, Hochzeit), solltest du sowieso deine alten Kontakte mal durchforsten, ob ihr überhaupt noch zusammenpasst.

Wenn die Typen, mit denen du dich seit der Grundschule triffst, witzige, lebensfrohe, gute Freunde sind, dann werden dich Feiern mit ihnen beflügeln, dir neue Ideen bringen, gute Kontakte und auf jeden Fall viel Spaß. Solche Treffen machen dich lebendig – wenn es sich auch vielleicht am nächsten Morgen nicht ganz so anfühlt.

Diese Kumpel solltest du unbedingt behalten und nicht wegen einer Frau aufgeben, auch wenn du vielleicht aus Zeitgründen die Anzahl der Treffen reduzieren musst. Natürlich sollte deine Freundin diese Menschen kennenlernen. Ähnlich wie beim ersten Besuch bei deinen Eltern bist du auch hier in der Position, dafür zu sorgen, dass sie sich dabei wohlfühlt. Vermeide in ihrem Beisein Insider-Witze, die sie nicht verstehen kann, und das Lästern über andere Frauen, sonst muss sie denken, dass auch über sie gelästert wird, wenn sie nicht anwesend ist.

Findest du bei deinem Freunde-Check allerdings frustrierte, langweilige und pessimistische Menschen, die dich mental herunterziehen, oder Leute, die einfach nicht mehr zu dir passen, dann frag dich mal, ob du auf die nicht lieber verzichten willst. Manchmal ist das aus beruflichen oder anderen Gründen nicht möglich. Dann empfiehlt es sich den Kontakt so stark wie möglich einzuschränken. Ob es sinnvoll ist, deine Traumfrau in diesen Kreis einzuführen, musst du dir gut überlegen. Die Attraktivität deiner Kumpel färbt immer auch auf dich ab. Sobald deine neue Freundin feststellt, dass alle deine Freunde dumme Machos oder langweilige Spießer sind, wird sie davon ausgehen, dass du auch so bist und dich ihr gegenüber lediglich verstellt hast.

Tatsache ist, dass Veränderungen, die du in deinem Leben vornimmst, und dazu gehört auch plötzlicher Erfolg bei Frauen oder im Beruf oder eine neue Freundin, in deinem alten Umfeld zumeist nicht gut ankommen, weil sie für die anderen auch Veränderung bedeuten. Wenn du bis jetzt an sechs Abenden mit deinem besten Kumpel durchs Szeneviertel gezogen bist und nun deine Traumfrau gefunden hast, wird dein Freund ab jetzt einige Abende ohne dich verbringen müssen, denn du hast nun einfach ein neues „Interessensgebiet", das du ausleben möchtest. Je weniger Lebenserfolg dein Kumpel selbst hat, desto mehr wird er – wenn auch unbewusst – dein Glück erschweren, sei es durch Warnungen vor einem möglichen Ende oder durch Reklamationen, dass man dich so selten sieht und du dich verändert hast. Ist er selbst ausgefüllt durch seine Arbeit, seine Familie und andere Hobbys, kann er sich mit dir über die Verbesserung deiner Situation freuen.

Auch in Bezug auf Hobbys kann ein gelegentlicher Check nicht schaden: Macht es dir noch Spaß oder machst du das, weil du es schon immer getan hast? Passt der zeitliche Aufwand noch zu deinem Arbeitspensum? Gibt es etwas anderes, was du schon immer machen wolltest und jetzt tun könntest?

Auch das, womit du einen Großteil deiner Freizeit verbringst, hat große Auswirkungen auf dein Leben. Ein Motorradfahrer trifft mehr und andere Menschen als jemand, der im Keller an seiner Eisenbahn baut. Ein Surfer, der viele Stunden auf dem Wasser verbringt, sieht anders aus als ein Nerd, der viele Stunden vorm Monitor sitzt. Und als Musiker mit einer Ukulele lernst du im Sommer im Park leichter Mädels kennen als ein begabter Pianist. Vielleicht ist das ja mal einen Gedanken wert, wenn du überlegst, was du neben Ausbildung oder Arbeit noch gern tun würdest.

Es gibt auch einige Freizeitaktivitäten, bei denen fast immer Frauenüberschuss herrscht; dazu gehören Sachen wie Tanzen oder Yoga. Hier findest du meistens Mädchen mit guter Figur und vielleicht ist eine dabei, die Interesse hat, mit dir das Kamasutra zu üben.

Mit weniger Bewegung kannst du Frauen bei kulturellen Veranstaltungen treffen, sei es Theater, Lesungen oder Ausstellungen. Schau in der Pause einfach mal in die Runde anstatt auf dein Handy und beginne einen kleinen Smalltalk über die Veranstaltung.

Hast du eine Freundin gefunden, mit der du gern Zeit verbringst, stellt sich meistens nach den ersten Wochen des Verliebtseins die Frage, wie du Frau und Freizeit unter einen Hut bringen kannst. Du brauchst Zeit nur mit ihr und Zeit für Freunde und Hobbys. Falls du nicht plötzlich nur noch halbtags arbeitest oder dein Studium aufgibst, bedeutet das, dass du dein früheres Freizeitleben neu organisieren musst, sonst hast du keinen Platz für die neue Frau. Manches kann man vielleicht gemeinsam machen, sei es joggen, segeln oder andere Sportarten. Was deine Freunde betrifft, so kannst du anregen, dass man sich mal mit Begleitung trifft. Mögen sich die Mädels auch gern, so könnt ihr das ja öfters machen. Ebenso kannst du die Freunde deiner Liebsten kennenlernen, und vermutlich entwickeln sich auch da neue Freundschaften.

Je flexibler ihr darin seid, neue Leute in euer Leben zu lassen, desto positiver ist das für euch und vielleicht ist es ein Schritt in eine abwechslungsreiche, gemeinsame Zukunft.

4. Warum? – Traumfrauen und was sonst noch so drumherum ist

Wir wollen aber nochmal kurz
einen Schritt zurück gehen:

Ihr habt euch gerade erst gefunden und habt Interesse an-
einander.

Wenn alles gut läuft, wirst du mehr oder weniger schnell auch ihr Umfeld kennenlernen,

also ihre **Wohnung** und
die **Menschen**, die ihr **wichtig** sind.

Damit jetzt nichts schiefgeht, kommen in diesem Kapitel einige Tipps, die dir beim Umgang mit deiner Traumfrau helfen.

Und solltest du feststellen, dass sie doch nicht so toll ist, wie du anfangs dachtest, gibt es einige Möglichkeiten, das Ganze sehr galant wieder zu beenden. Dazu dann später …

IHR NEST

Es mag sein, dass du schon am ersten Abend in ihrem Bett landest, aber vielleicht geht ihr ja auch zu dir, denn da ist es superaufgeräumt, warm und gemütlich und das Bett ist frisch gemacht... ;-) Vielleicht lernt ihr euch auch erstmal langsam kennen, was nicht die schlechteste Basis für eine innige Liebe ist. In diesem Fall kann es auch länger dauern bis du das erste Mal in ihre Wohnung eingeladen wirst.

Wie auch immer die Umstände sind, zwei Sachen solltest du wissen, wenn du ihre Wohnung betrittst: Muss man die Schuhe ausziehen? Und (falls du Raucher bist): Darf man in der Wohnung rauchen?

Was die Schuhe betrifft, schau mal auf ihre Füße: Empfängt sie dich in Hausschuhen (Ich sollte besser noch ein Buch für Frauen schreiben ...), biete ihr an, deine Schuhe an der Tür auszuziehen. Kommt ihr gemeinsam von draußen, dann machst du dasselbe wie sie was die Schuhe betrifft. Wenn sie in ihrer Wohnung normale Straßenschuhe trägt, dann kannst du deine auch anlassen, es sei denn sie sind dreckig. Vor allem Profilsohlen haben die Eigenschaft, feuchte Erde festzuhalten und sie wieder loszulassen, wenn sie getrocknet ist. Das ist meistens erst in der Wohnung der Fall. Wenn du merkst, dass sie Schmutz hinterlassen, musst du deine Schuhe ausziehen, denn so eine Spur ist ziemlich peinlich. Um das zu verhindern, kann man zu Besuchen Schuhe mit möglichst glatter Sohle anziehen – und Hundehaufen meiden. Die Schuhe gehören zu deinem Outfit und tragen zu deiner Attraktivität bei; insofern strebst du natürlich danach, sie anzubehalten, solange es noch nicht intim wird ... Solltest du in die schöne Situation kommen, dass dich deine

Angebetete barfuß von Kopf bis Fuß empfängt, dann muss es trotzdem nicht deine erste Handlung sein, deine Schuhe auszuziehen. Das hat Zeit … (und an dieser Stelle brauchst du auch keine Tipps von mir).

Deshalb kommen wir jetzt gleich zum Rauchen … In Nichtraucherwohnungen wird nicht geraucht, es sei denn man bietet es dir an. Die Frage danach ist schon unpassend. Natürlich hat die Nichtraucherin ein schlechtes Gewissen, wenn ihr Liebster bei Schneetreiben auf dem Balkon rauchen muss, andererseits bleibt Zigarettenrauch im Wohnzimmer länger als ein one-night-stand.

Einfacher ist es für dich mit einer Raucherin: Du kannst überall da rauchen, wo sie es auch tut. Wo auch immer du rauchst, frage nach einem Aschenbecher, anstatt Untertassen, Gläser oder Blumentöpfe zu benutzen.

Falls sich dein erster Besuch bei ihr nicht spontan ergibt, sondern auf eine Einladung hin, bring ihr Blumen mit, vor allem wenn sie für dich gekocht hat. Es muss ja nur ein ganz kleiner Strauß sein oder eine einzelne Rose, nur eben keine Topfblume und schon gar kein Kaktus. Das gilt allerdings nur für den Fall, dass ihr den Abend zu zweit bei ihr verbringen wollt. Für ein kurzes Treffen in ihrer Wohnung zum „Vorglühen" mit Freunden wäre dein Blümchen übertrieben. Auch wenn sie dich „eingeladen" hat, ihr eine Lampe aufzuhängen oder die Waschmaschine zu reparieren, ist es besser, du bringst dein Werkzeug mit und lässt die Blumen weg. Das gilt auch, wenn ihr euch verabredet habt, um gemeinsam zu lernen oder zu arbeiten.

Hat sie einen Hund? Es ist gut und bei manchen Rassen überlebenswichtig, wenn du dich auch bei ihm beliebt machst, indem du ihm ein Leckerli mitbringst. Ein gutes Verhältnis zum Hund ist die Basis für eine lange harmonische Beziehung – zum Hund … und mit Glück auch zum Frauchen. Auch Katzen und allen anderen Haustieren gegenüber solltest du wohlgesonnen sein, auch wenn Karnickel oder Fisch nicht jedes Mal vor Freude im Kreis springen, sobald du erscheinst. Manche Geschöpfe sind eben etwas stiller. Da reicht es schon, sie nicht (im wahrsten Sinne des Wortes) in die Pfanne zu hauen.

Wo wir gerade beim „Essen" sind: Wie gehst du mit ihrem Kühlschrank um? Kannst du einfach in die Küche gehen und dir ein Bier rausnehmen? Nein – never – no! Ohne Aufforderung nimmst du gar nichts aus ihrem Kühlschrank, zumindest nicht bei deinen ersten Besuchen. Einzige Ausnahme: Ihr kocht zusammen. Dabei ergibt es sich einfach, dass man Zutaten aus dem Kühlschrank nimmt, ohne explizit dazu aufgefordert zu werden, so wie man auch andere Küchenschränke oder Schubladen öffnen muss, um schnell die passenden Geräte und Schalen zu holen.

Wenn mehrere Leute bei ihr zu Besuch sind und du der Mann an ihrer Seite sein willst, dann übernimm dezent den Part des männlichen Gastgebers: Öffne Wein- oder Sektflaschen, kümmere dich darum, dass die Gäste genügend zu trinken haben, schenk nach und sorge für Gläser. Halte dich aber bei all deinen Aktivitäten an ihre Vorgaben, denn es ist ihre Wohnung: Wenn sie Untersetzer unter jedes Glas will, dann wird das so gemacht, und wenn sie keine Platzdeckchen möchte, dann eben nicht.

Mit der Zeit wirst du dich bei ihr immer mehr zuhause fühlen. In einer längeren Beziehung ist es normal, dass du nach einer gewissen Zeit, einen Kulturbeutel oder zumindest eine Zahnbürste bei ihr im Bad hast, ein Handtuch für dich, vielleicht auch einen Bademantel und Hausschuhe. Es ist selbstverständlich, dass du an ihren Kühlschrank und jeden anderen Schrank in der Küche gehst. Du hast ihren Hausschlüssel und sie deinen.

Trotzdem bleibt es aber ihre Wohnung. Du respektierst, dass es Ecken gibt, die dich nichts angehen. Ob das ihr Kleiderschrank, ihr Nachttisch oder ihr Schreibtisch ist, müsst ihr miteinander ausmachen. Und auch wenn du dich bei ihr wirklich wohl und zuhause fühlst, lässt du doch deine Sachen, Socken und sonstiges nicht länger rumliegen als nötig. Du willst doch nicht wirklich, dass sie dein Zeug hinter dir herräumt als wäre sie deine Mutter?!

Das gleiche gilt übrigens auch fürs Bad. Häng dein Handtuch auf und sorge dafür, dass keine Haare von dir im Waschbecken sind. Die kann man ganz leicht mit einem Stück Toilettenpapier raus wischen. Dass du die Toilette streifenfrei (ja, ich meine die braunen …) hinterlässt, ist ja sowieso selbstverständlich. Und das gilt für jeden Toilettengang, egal ob bei ihr, bei dir oder in der Kneipe!

Solange ihr nicht zusammenwohnt ist jeder für seine Wohnung selbst verantwortlich. Trotzdem ist ein bisschen Unterstützung im Haushalt angebracht, denn du bist weder Pascha noch Besuch. Helfen beim Tischabräumen und -eindecken, mal die Geschirrspülmaschine ausräumen, das Bett machen oder Brötchen holen sind Tätigkeiten, die jeder von euch in der Wohnung des anderen erledigen kann. Falls ihr aber schon quasi zusammenwohnt und die „Zweitwohnung" nur noch zur Sicherheit beibehalten wird, muss der „Zugezogene" sich so verhalten wie in einer gemeinsamen Wohnung, also auch beim Putzen helfen und den wöchentlichen Großeinkauf gelegentlich übernehmen. Auf diese Weise merkt ihr auch ganz schnell, ob es im Alltag harmonisch läuft.

IHRE FAMILIE

Ihr seid jung und sie wohnt noch zuhause? Dann musst du dir echt Mühe geben, dass ihre Eltern dich auch mögen. Das hat nämlich den großen Vorteil, dass sie eure Beziehung unterstützen und nicht jedes Mal Stress machen, wenn ihr euch treffen oder mal eine Nacht miteinander verbringen wollt.

Da es für Eltern wichtig ist, dass ihre Kinder sicher nach Hause kommen, ist es smart von dir, deine Freundin abends PÜNKTLICH nach Hause zu bringen – vor allem am Anfang. Sie lernen dann, dass du zuverlässig bist und sie sich keine Sorgen machen müssen, wenn die Tochter mit dir unterwegs ist.

Bedenke auch bei deinen Besuchen, dass du immer Gast in der Wohnung der Eltern bist. Daher begrüße sie und verabschiede dich von ihnen, wenn es ohne Störung möglich ist. Sind sie unter der Dusche, im Bett, gerade in einer lautstarken Auseinandersetzung oder in Meditation vertieft, dann lass es und richte nur schöne Grüße aus.

Halte dich an die von den Eltern aufgestellten Regeln, vor allem in Bezug auf Lautstärke, rauchen und Alkohol. Du solltest Zank mit ihren Eltern unbedingt vermeiden, egal wie deine Süße selbst es macht. Bemühe dich lieber darum, Streit zu schlichten.

Übrigens ist es nicht nötig, dass eure Eltern einander möglichst schnell kennenlernen. Das ist erst dann ein Thema, wenn ihr sehr konkret eine gemeinsame Zukunft plant, also Zusammenziehen, Verlobung oder Nachwuchs. Ergibt sich allerdings eine Gelegenheit, wie der Abschlussball von eurem Tanzkurs oder ein zufälliges Treffen mit Familie auf dem Stadtfest, ist es selbstverständlich, dass ihr eure Eltern miteinander bekanntmacht.

Sofern deine Liebste nicht mehr bei ihren Eltern wohnt, gilt für das Kennenlernen der Familie alles was schon im Kapitel 3.3. beschrieben wurde. Nur bist eben jetzt du der Gast. Du bringst Blumen mit, die du der Mutter überreichst. Lass dich von deiner Freundin beraten, was wohl gut ankommt, und nimm einen kleinen Strauß. Wenn kein besonderer Anlass ist, wie Weihnachten oder Geburtstag, ist es nicht nötig, darüber hinaus dem Vater etwas mitzubringen. An dem Blumenstrauß können sich beide erfreuen; man überreicht ihn nur üblicherweise der Frau, weil man ihn ja schlecht beiden gleichzeitig geben kann.

Bei getrennt lebenden Eltern wählst du als Mitbringsel für den Vater am besten eine Flasche Wein oder Pralinen; auch hier kann dir deine Freundin Hinweise auf seine Vorlieben geben.

Solltest du auf einen trinkfreudigen und entsprechend trinkfesten Vater treffen, dann pass auf, dass du trotzdem einigermaßen nüchtern bleibst. Wenn du dich im Suff schlecht benimmst oder auf den Teppich kotzt, wird dir das wohl kaum Anerkennung bringen – nicht mal vom Vater. Vielleicht kannst du geschickt das Nachgießen übernehmen und dabei sein Glas immer etwas voller füllen als deines …

Vergiss nicht: Ihr Vater ist nicht dein Kumpel und daher niemand, mit dem du über Frauen, Sex, Ex-Freundinnen und ähnlich heikle Themen reden solltest. Autos, Sport, Kunst, Kultur und Politik sind ok, wenn ihr nicht völlig gegensätzliche Meinungen habt. Das kannst du ja vor dem Besuch mit deiner Liebsten mal durchgehen.

Besprich auch mit ihr, was du am besten anziehen solltest. Deine Kleidung passt im Idealfall zu der der Eltern, also Jeans und T-Shirt, wenn man davon ausgehen kann, dass sie auch lässig gekleidet sind, Hose/Jeans und Sakko, wenn sie sich wohl für dich ein bisschen aufbrezeln werden, und Anzug, wenn du zu einer Feier eingeladen bist, wo alle schnieke sind.

Bist du zum Essen in ihrem Elternhaus eingeladen, dann vergiss nicht, das Essen zu loben. Es ist für Gastgeber immer komisch, wenn mit Sorgfalt und Mühe ein schönes Gericht gekocht wird und der Gast es isst, ohne es irgendwie zu kommentieren. Man geht dann leicht davon aus, dass es wohl nicht so gut geschmeckt hat, denn sonst hätte er ja etwas gesagt. Weiteres zum Thema „Tischkultur" kannst du in Kapitel 5 lesen. Nur ein Hinweis noch an dieser Stelle: Iss möglichst deinen Teller leer. Für denjenigen, der gekocht hat, ist es eine Auszeichnung, wenn es dem Gast schmeckt. Einen „Anstandsrest", den man auf dem Teller lassen sollte, gibt es nicht. Du kannst auch gerne nachnehmen, wenn es dir angeboten wird und genug da ist, aber behalte ein bisschen im Auge, wieviel die anderen essen. Nimm nicht das dritte und letzte Schnitzel, wenn alle anderen nur eins hatten.

Auch bei einer Einladung ins Restaurant, solltest du das Essen, den Service und das Ambiente loben, es sei denn, dein Gericht ist ungenießbar, weil völlig versalzen, total angebrannt oder noch roh. Die Eltern haben ja mit Sicherheit ein Lokal ausgewählt, was ihnen gefällt; daher kann es durchaus sein, dass sie deine Kritik sehr persönlich nehmen. Das gilt auch für positive Kommentare. Insofern werden sie stolz und zufrieden sein, wenn es dir gut gefällt.

Richte dich bei der Auswahl der Speisen und Getränke danach, was deine Gastgeber nehmen, vor allem in Bezug auf den Preis und die Anzahl der Gänge. Es kommt nicht gut, wenn du Vor- und Nachspeise bestellst, während die anderen nur einen Hauptgang nehmen. Das kann unter Umständen zu teuer werden. Denn natürlich zahlen die Eltern, wenn sie dich ins Restaurant einladen, aber sie haben vielleicht eine Vorstellung davon, was das Essen kosten darf. Schaue darauf, was sie nehmen, und lass dir vielleicht etwas empfehlen (von ihnen, nicht vom Kellner!). Wenn man dich zum Italiener an der Ecke einlädt, weil dort die Pizza so toll ist, dann solltest du nicht das Lammfilet bestellen, was doppelt so teuer ist. Falls du Pizza gar nicht magst, dann nimm etwas anderes in der gleichen Preisklasse, z. B. ein Nudelgericht. Das gleiche gilt auch für Getränke: Wenn der Vater dich fragt, ob du einen Aperitif möchtest, kannst du einen nehmen; wenn der Kellner fragt, warte lieber erstmal, ob die Eltern auch einen wollen.

Nachdem die Eltern bezahlt haben, bedanke dich noch einmal für die Einladung und sage, wie gut es dir gefallen hat.

Zu anderen Familienmitgliedern wie Geschwistern und Großeltern bist du selbstverständlich ebenso freundlich wie zu ihren Eltern. Hüte dich davor, über ihre Verwandtschaft zu lästern. Auch wenn sie über ihren Bruder schimpft, bedeutet das noch lange nicht, dass du da miteinstimmen solltest. Der alte Spruch „Blut ist dicker als Wasser", hat durchaus einen wahren Kern: Sie kann sich leichter von dir lösen als von ihrer Familie, also bemühe dich, zu allen ein gutes Verhältnis zu haben.

Das gilt in noch stärkerem Maße für ihre Kinder, falls sie schon welche hat. Sie gehören zu ihr und das werden sie auch in Zukunft. Bei sehr jungen Kindern wirst du in einer langen Beziehung mit gemeinsamer Wohnung wahrscheinlich ein Vaterersatz werden und auch aktiv in die Erziehung eingebunden werden. Wenn die Kinder erleben, dass du ihnen die Mutter nicht wegnimmst, sondern sie mit dir noch einen lieben Menschen hinzugewinnen, dann wird euer Verhältnis zueinander sehr positiv sein.

Sei dir aber bitte bewusst, dass du für diese kleinen Kinder eine wichtige Person bist. Daher solltest du, wenn die Liebesbeziehung zu der Frau endet, den Kontakt zu den Kindern nicht radikal abbrechen, es sei denn die Mutter verlangt das. Im Sinne der Kinder ist es wünschenswert, dass du dich gelegentlich bei ihnen meldest und auch zu ihrem Geburtstag gratulierst, sonst bleibt bei ihnen der Eindruck, dass sie etwas falsch gemacht haben und nicht liebenswert sind.

Zu viel Aufwand? Es dauert noch ein paar Jahrzehnte, aber irgendwann bist du mal alt, und vielleicht freust du dich dann, wenn sie dich mal im Heim besuchen, zum Spaziergang abholen und dir ein Bier ausgeben …

IHRE FREUNDiNNEN

Ihr führt eine tolle Beziehung und seid auf einer Wellenlänge, also werden dir wohl auch ihre Freundinnen gefallen. Vielleicht nicht unbedingt was das Aussehen angeht, aber der Umgang und der Humor könnten dir durchaus zusagen. Warum also ein Kapitel darüber? Weil es manchmal das Problem „Eifersucht" gibt, bei dir, bei ihr oder der anderen.

Fangen wir mit dir an, denn darauf hast du den größten Einfluss. Gerade wenn sie eine beste Freundin hat, von der du weißt, dass sie ihr alles erzählt, dann kann das für dich ein ziemlich blödes Gefühl sein. Du fühlst dich vielleicht irgendwie hintergangen, weil die beiden über eure Beziehung reden (Das tun sie wirklich!). Allerdings reden verliebte Frauen nie schlecht über ihren Liebsten. Im Gegenteil, es geht meistens darum, wie süß er dieses oder jenes gesagt oder getan hat und ob man selbst, sich besser so oder anders verhalten sollte. Sie wird ihrer Freundin ganz sicher nichts erzählen, was für dich peinlich wäre, denn letztendlich ist es auch in ihrem Interesse, dich positiv darzustellen. Und sei bloß froh, dass sie ihr Verlangen nach psychologisch tiefgreifenden Beziehungsgesprächen mit ihrer Freundin auslebt und nicht mit dir. Oder möchtest du wirklich mit ihr darüber reden, dass du sie sonst immer „Schatzi" nennst, aber gestern nicht und warum wohl und ob sie wohl was falsch gemacht hat? Nein? Dann sei froh, dass sie eine Freundin hat, und nimm es für dich als Entlastung.

Wenn du allerdings zu „froh" über ihre Freundin bist, sie am liebsten bei jedem Date dabeihaben willst und sehr viel von ihr schwärmst, dann wird deine Liebste vielleicht eifersüchtig werden. Das ist nicht völlig unbegründet, denn schließlich ist die Freundin ja über all' deine Vorteile informiert und es wäre nicht das erste Mal, dass die „beste Freundin" und der Lover sich zusammen aus dem Staub machen. Auch wenn du einfach nur gerne mit ihr quatschst: Es ist und bleibt ihre Freundin und du verabredest dich nicht allein mit ihr und erst recht nicht heimlich. Natürlich kannst du sie zum Kaffee einladen, wenn du sie zufällig in der Stadt triffst, und selbstverständlich lässt du sie rein, wenn sie bei euch klingelt, und bietest ihr etwas zu trinken an, auch wenn deine Süße nicht da ist, aber mach daraus keine Heimlichkeit. Erzähl von dem Treffen, dann ist es ok.

Ist die Freundin allerdings darauf aus, dich anzubaggern, dann solltest du das ansprechen. Sag ihr möglichst nebenbei und mit etwas Humor, dass dich das stört. So hat sie die Möglichkeit, ihr Verhalten zu ändern, ohne dass daraus ein großes Drama wird. Erst wenn das nicht wirkt, musst du mit ihr und auch mit deiner Liebsten ein klares Gespräch führen.

Eifersucht kann aber auch bei der besten Freundin auftreten: Plötzlich ist jemand wichtiger als sie (DU), ihre Busenfreundin hat kaum noch Zeit für sie, weil sie dauernd mit DIR etwas unternimmt, immer ist sie verliebt und gut drauf (DEINETWEGEN) und man selbst hat keinen Freund. Das kann dazu führen, dass die Freundin deiner Liebsten Vorwürfe macht oder über dich lästert, eine Sache, die du vielleicht auch von deinen Freunden kennst. Wenn du nicht einen Lover für die Freundin zur Hand hast, kannst du dich da nur ziemlich raushalten. Jetzt alles zu dritt zu unternehmen oder extrem freundlich zu ihr zu sein, wäre der falsche Weg, denn das macht die Sache nur schlimmer. Das ist einfach ein Problem, das dein Schatz lösen muss. Du kannst vielleicht öfter mal allein ein Bier trinken gehen, damit die beiden mehr Zeit miteinander haben. Ansonsten bist du aus der Sache raus – auch nicht schlecht, oder?

... UND DAS WAR'S

Im Laufe der Zeit wird sich eure Beziehung verändern. Das ist normal. Die Frage ist nur, wie? Im positiven Fall wachsen Vertrauen, Liebe, Freundschaft und die Vision einer gemeinsamen Zukunft, im negativen sind es Nachlässigkeit, Langeweile, Zweifel und Probleme.

Die meisten Beziehungsmodelle erfordern gelegentlich ein bisschen Selbstdisziplin. Wenn es dein Lebenstraum ist, jeden Abend in Jogginghose mit einer dummen, ungepflegten Frau auf dem Sofa zu sitzen und vor der Glotze Chips zu essen, dann ist das völlig ok und geht wahrscheinlich auch ohne Selbstdisziplin. Eine Frau, die politisch oder kulturell interessiert ist, sportlich oder gern in Bars und Clubs geht und Leute trifft, muss nun mal gelegentlich vor die Tür, sonst geht sie vielleicht für immer.

Du solltest also die ganze Show, die du abgezogen hast, um sie zu erobern, ab und zu mal wiederholen vom Blumenstrauß bis zur kleinen Liebesbotschaft; so kannst du davon ausgehen, dass auch sie sich weiterhin um dich bemüht und dir Freude machen will, sei es nun mit ihren hübschen Dessous oder mit einem raffinierten Essen. Auf diese Art haltet ihr eure Liebe frisch und spannend und bleibt glücklich miteinander, vorausgesetzt, dass ihr gut zueinander passt.

Vielleicht hast du das Pech an eine Zicke geraten zu sein. Es gibt leider Frauen (auch Männer, aber darum geht es hier nicht), denen kann man es nie recht machen. Wenn sie den ganzen Abend maulig guckt, permanent unzufrieden ist und sich keine Mühe mehr gibt, dir zu gefallen, dann hast du eine Zicke, auf die du langfristig besser verzichten kannst. Das gilt übrigens auch für das Modell „raffinierte Zicke": Diese Frau ist nur dann zuckersüß zu dir, wenn du genau das tust, was sie will, ansonsten schmollt sie oder meckert.

Vielleicht spürst du auch immer mehr, dass ihr einfach verschiedene Vorstellungen vom Miteinander habt, von Nähe und Distanz oder dass eure Zukunftsszenarien nicht zueinander passen.

Oder vielleicht hast du eine andere Frau getroffen, die dir nicht mehr aus dem Sinn geht und mit der du lieber zusammen wärst.

Du siehst, es gibt verschiedene Gründe, die dazu führen, dass du die ganze Sache besser beenden solltest. Schlussmachen ist etwas, was niemand gern tut. Manche haben daher spezielle Strategien, um das zu vermeiden: Man benimmt sich so schlecht, dass die Frau die Beziehung beendet oder man ist einfach nicht erreichbar. Die „Mutigen" schicken eine kurze Info über das Ende der Beziehung per SMS und sind dann nicht erreichbar. Mal ganz ehrlich: das ist alles feige und das weiß auch jedermann (und jede Frau).

Was spricht dagegen, ihr einfach ganz klar zu sagen, dass du nicht mehr mit ihr zusammensein willst? Eventuell die Tatsache, dass sie sich oder dich umbringen könnte. Ja, könnte sein, ist aber außerhalb von Songs und Filmen doch eher selten der Fall. Und wenn sie wirklich zu diesen kranken Menschen gehört, ist weder eine SMS noch dein sich-Totstellen ein guter Therapieansatz. Aber bleiben wir bei der normalen Reaktion, die irgendwo zwischen Wut und Trauer liegt oder zwischen Erleichterung und Gleichgültigkeit, wenn sie die Beziehung auch nicht mehr so spannend fand.

Wie machst du es also richtig? Du willst sie loswerden und das ohne schlechtes Gewissen. Für sie und somit auch für dein gutes Gefühl ist es wichtig, dass sie nicht völlig am Boden zerstört ist und von Selbstzweifeln zerfressen wird. Du musst ihr also unbedingt vermitteln, dass sie ok ist, nett, hübsch, witzig, sexy oder was auch immer die Eigenschaften waren, die du an ihr geschätzt hast. Am leichtesten ist das Ende der Beziehung für sie zu akzeptieren, wenn die Gründe dafür bei dir liegen: Du hast erkannt, dass du einfach keine feste Beziehung möchtest, dass du deine Freizeit lieber mit Kumpeln in der Kneipe oder im Sportstudio verbringst oder frei sein willst für deine Karriere. Damit vermeidest du, dass sie meint, sie müsse sich ändern oder habe etwas falsch gemacht. Wenn du wirklich die Sache beenden willst, dann bleib auch dabei. Man kann Liebe nicht herbeidiskutieren. Vermeide, auf Vorwürfe und Beschimpfungen mit Streit zu reagieren. In dem Fall ist es besser, du gehst einfach. Da, wo du Fehler gemacht hast, kannst du auch einfach mal um Entschuldigung bitten. So geht ihr nicht verletzt und böse auseinander. Biete ihr an, weiterhin befreundet zu bleiben, aber vereinbart – wenn möglich – euch in den nächsten vier bis sechs Wochen nicht zu kontaktieren. Wenn du die Beziehung wirklich beenden willst, dann halte dich auch daran. Die meisten Menschen können mit einer klaren Entscheidung, auch wenn sie unangenehm ist, besser leben als mit einem ständigen hin und her.

Wo sollte ein solches Gespräch stattfinden? Am besten ist ein neutraler Ort ohne Zuschauer, zum Beispiel bei einem Spaziergang. Hier hat jeder von euch die Möglichkeit zu gehen, wenn es nötig ist. Das ist auch in einem Lokal der Fall, und wenn du davon ausgehst, dass sie nicht furchtbar weinen oder dir eine große Szene machen wird, dann ist das eine gute Wahl. Verabredet euch aber auf einen Kaffee, nicht zum Essen, denn es ist wirklich blöd, nachdem alles gesagt ist noch gemeinsam ein Menü weiter essen zu müssen.

Im Tränen-Fall solltest du es ihr zuhause sagen. Wenn du sie besuchst, hat das den großen Vorteil für dich, dass du gehen kannst. Ist sie bei dir und will immer mehr Begründungen, die du nicht geben kannst, so ist die Situation für dich viel schwieriger. Im schlimmsten Fall müsstest du sie bitten zu gehen, was ja nichts anderes ist als ein höflicher Rausschmiss und das willst du natürlich vermeiden.

Du kannst so eine schwierige Situation auch umgehen, indem du ihr einen Brief schreibst. Einen richtigen Brief mit Papier und Tinte, handgeschrieben, keine SMS oder Mail. Ein selbst geschriebener Brief drückt immer Wertschätzung aus. Du zeigst ihr damit, dass du dir Zeit genommen hast, dass du dir Mühe gemacht hast. Du hast nicht nebenbei beim Warten auf den Bus eben schnell eine Mail verschickt, sondern hast dich zuhause hingesetzt, ein ordentliches Blatt Papier genommen, nachgedacht, du musstest den Brief zum Briefkasten bringen und hast Geld für eine Marke ausgegeben. Das ist wirklich mehr als schnell mal eben eine Mail, und damit demonstrierst du, wie ernst und wichtig dir das Thema ist.

Beginne den Brief damit, was dir in eurer Beziehung und an ihr gefallen hat. Schreibe dann, was sich im Laufe der

Zeit verändert hat bei dir / bei ihr / bei euch und erkläre soweit möglich, warum du die Sache beenden möchtest. Am Schluss danke ihr für die schöne gemeinsame Zeit, biete ihr eine Vision eurer zukünftigen Verbindung (weiterhin Freunde bleiben oder weiterhin ihrem kleinen Bruder Mathenachhilfe geben) und wünsche ihr alles Gute.

Es ist egal, ob du den Brief per Post schickst oder selbst bei ihr in den Briefkasten wirfst.

Wahrscheinlich wirst du bald etwas von ihr hören. Du solltest jetzt für ein Gespräch bereit sein. Vermutlich wird es weniger Tränen geben, denn sie wird ja nun nicht durch dein plötzliches Schlussmachen überrascht. Häufig hat man auch beim anderen noch ein paar Dinge, die man abholen möchte, insofern kann noch ein Treffen nötig sein. Nimm dann deinen ganzen Kram mit und gib ihr ihre Sachen. Keiner von euch hat einen rechtlichen Anspruch auf die Rückgabe von Geschenken. Bei besonderen Sachen sollte man aber fairerweise nachfragen, ob man sie behalten darf, vor allem bei Dingen mit hohem ideellen Wert für den anderen: Die Manschettenknöpfe von ihrem verstorbenen Opa, das selbstgehäkelte Kissen von deiner Mutter – das sind Geschenke, die besser zurückgegeben werden sollten.

Das Ende einer Beziehung sollte nicht bedeuten, dass man einander nicht mehr kennt. Natürlich grüßt ihr euch, wenn ihr euch irgendwo seht! Und selbstverständlich redet ihr nicht schlecht übereinander, sprecht nicht mit anderen darüber wie Sex bei euch war (auch wenn es gut war) und stellt keine Fotos ins Netz. Ähnlich wie beim Fußball ist nach dem Spiel vor dem Spiel. Es wird wieder eine Frau in deinem Leben geben und die wird dich auch danach beurteilen wie du von deiner Ex sprichst.

5. Wie? - Deine Show

Ok, du bist wieder solo?

Damit das nicht dauerhaft so bleibt, schauen wir mal auf die Phase des Werbens;
das was man im Tierreich als Balz bezeichnet.

Alles was du tun musst, damit du
                         sie bekommst –
                                  und behältst,

denn es sollte keine einmalige Angelegenheit sein, sondern gelegentlich wiederholt werden.

denn es sollte keine einmalige Angelegenheit sein, sondern gelegentlich wiederholt werden.

denn es sollte keine einmalige Angelegenheit sein, sondern gelegentlich wiederholt werden.

Für Tiermännchen gibt es niemals Sex ohne vorherige Balz.
Das sollten sich Menschenmännchen mal überlegen,
wenn es mit der Liebsten nicht gut läuft
oder sich gar keine Frau finden lässt,
der man ohne dafür zu zahlen näherkommen darf.

Warum ich das Ganze als „Show" bezeichne, habe ich schon im 1. Kapitel erläutert:

ES GEHT DARUM, DASS DU DEIN BESTES GIBST, NICHT DARUM, DASS DU DEN TÄGLICHEN STANDARD DEMONSTRIERST.

So wie der Sportler im Wettkampf und der Rockstar auf der Bühne. Wir wissen doch alle, dass auch Lewis Hamilton mal 50 fährt und Helene Fischer sich abends abschminkt. Würde Herr Hamilton mit 250 über den Ku'damm brettern und Frau Fischer im goldenen Glitzermini morgens vor dir beim Bäcker stehen, fändest du das im ersten Fall gefährlich, im zweiten vielleicht auch, würdest aber Frau Fischer unterstellen, sie sei affektiert und der Lewis wäre ein verantwortungsloser Angeber. Das gleiche Verhalten auf der entsprechenden Bühne wird bejubelt.

Das bedeutet für dich, dass du unterscheiden musst zwischen

Show und **Alltag**.

Wenn ihr morgens schnell zur Uni müsst, dann hast du keine Zeit, ihr in den Mantel zu helfen und die Autotür aufzuhalten, und es ist ja auch nicht nötig, es sei denn sie hat einen Gipsarm.

Bei einer abendlichen Verabredung kannst du ihr auf diese Weise deine volle Aufmerksamkeit und Wertschätzung demonstrieren.

Das heißt allerdings nicht, dass in eurem gemeinsamen Alltag Freundlichkeit und Aufmerksamkeit fehlen sollten.

Ein Nettes Lächeln,
Liebevolle Worte,
Ein Kuss –

das darf nicht vergessen werden, sonst macht es auf Dauer
keinen Spaß mehr.

Aber das kriegst du schon hin; jetzt erst mal zu dem „Sah-
nehäubchen": zu deiner Show. Damit ihr überhaupt zusam-
menkommt.

DAS ERSTE MAL

… nein, es geht nicht um Sex. Das kannst du auch ohne meine Ratschläge, aber vorher gibt es ja ein erstes Treffen und
das ist nicht immer einfach.

Woher kennst du sie? Ist sie Kollegin oder Mitschülerin?
Habt ihr euch gestern im Club kennengelernt? Übers Inter-
net? Im Zug? Das erste Date zu zweit ist immer spannend,
umso mehr natürlich, je weniger ihr voneinander wisst.

Wenn ihr euch schon länger kennt, ist eine gemeinsame
Aktivität ein schöner Anlass, um mal zu zweit auszugehen,
egal ob Kino oder Kletterpfad – es geht in diesem Fall darum,
dass ihr euch näherkommt.

Anders ist es, wenn du sie auf einer Veranstaltung an-
sprichst oder online „kennengelernt" hast. In diesem Fall
weißt du nicht so genau, ob ihr überhaupt harmoniert und

das musst du erstmal vorsichtig abchecken. Daher ist es sinnvoll, dass du dich mit ihr auf einen Kaffee, Cocktail oder Wein triffst. Eine solche Verabredung dauert nicht so lange wie ein Abendessen und das kann durchaus von Vorteil sein. Vor allem das Kaffee-Date kann nach spätestens einer Stunde beendet werden, ohne unhöflich zu sein. Beim Cocktail oder Wein ist es als After-work-Verabredung auch so, zu einem späteren Zeitpunkt ist es aber schwieriger, den anderen mit dem „angebrochenen Abend" allein zu lassen, vor allem am Wochenende.

Wähle für die Verabredung ein Lokal, das nicht zu groß und unübersichtlich ist. Ein riesiger Biergarten oder ein volles Szenelokal auf zwei Etagen sind ungeeignet, weil ihr euch da nicht findet. Es ist nämlich das Beste, ihr trefft euch in dem Laden, nicht davor. Falls du fünf Minuten später und sie fünf Minuten eher kommt, muss sie zu lange auf der Straße auf dich warten. Je kälter und nasser sie wird, desto schlechter für dich, da sie sich wahrscheinlich nach zehn Minuten im Regen weniger auf dich freut.

Dass du dich bemühst, pünktlich zu sein, ist ja selbstverständlich. Sollte etwas Unvorhersehbares dazwischenkommen, gibst du ihr natürlich sofort Bescheid. Dass zur Rush Hour viel Verkehr ist oder der Bus nur alle 20 Minuten fährt, kann man einplanen, genauso dass man noch schnell zum Geldautomaten muss. Wenn solche Alltäglichkeiten dazu führen, mehr als 15 Minuten später zum Date zu kommen, signalisiert man damit mangelndes Interesse.

Bist du als erster im Lokal, versuche einen Tisch zu finden, der vom Eingang aus gesehen werden kann, damit sie dich nicht lange suchen muss. Behalte die Tür ein wenig im Auge; so kannst du ihr winken, falls sie dich nicht gleich sieht. Warte mit deiner Bestellung bis sie da ist. Ist sie am Tisch angelangt, stehst du natürlich zur Begrüßung auf. Nachdem ihr euch umarmt oder die Hand gegeben habt, fragst du, ob du ihr aus dem Mantel helfen darfst. Je nach Art des Lokals kannst du ihre Jacke auf den benachbarten Stuhl legen oder zur Garderobe bringen. Jetzt solltest du auch dein Handy auf leise stellen und wegpacken. Während deiner Verabredung bist du für niemanden sonst erreichbar.

Nach einem kurzen Smalltalk über den Weg, das Restaurant, das Wetter, ihre hübsche Kette oder was sich sonst so anbietet, fragst du sie, was sie trinken möchte. Wähle ein dazu passendes Getränk für dich aus: Ein Heißgetränk zu ihrem Kaffee, ein Softdrink oder Bier zu ihrer Cola, einen Wein oder Sekt zu ihrem Prosecco. Zueinander passende Getränke zu wählen trägt zur Harmonie bei. Du kannst für euch beide bestellen, ihr könnt aber auch getrennt dem Kellner sagen, was ihr möchtet. Bei Self-Service kannst du die Getränke holen, wenn die Schlange nicht zu lang ist. Bei einer längeren Wartezeit ist es angenehmer zu zweit in der Reihe zu stehen und sich zu unterhalten.

Vorausgesetzt man hat etwas zu erzählen … Menschen, die eher zu den ruhigen, introvertierten Typen gehören, können sich schon zuhause ein paar Themen und Geschichten überlegen. Oder Fragen, denn wenn du selbst eher still bist, dann kannst du dir ja ein paar Fragen an sie zurechtlegen. So kann sie etwas erzählen und du musst nur zuhören. Sinnvollerweise sollten es offene Fragen sein, die nicht mit ja oder nein beantwortet werden können. Vielleicht interessiert dich ja ihre Körbchengröße oder ihre bevorzugte Stellung … Danach fragst du natürlich NICHT. Für die Themen zu Beginn des Kennenlernens gilt: Nicht zu intim und nichts Negatives. Alles was positiv ist, sorgt für positive Stimmung. Meide daher Themen wie Krankheit, Tod, Scheidung, Ex-Partner, Schwierigkeiten im Job oder finanzielle Probleme. Gut ist es über Hobbys und Freizeit zu sprechen und über den Beruf, wenn es gut läuft und interessant ist. Lästern kann zwar verbindend wirken, ist aber gefährlich, wenn ihr euch nicht gut kennt, denn das, was du über andere erzählst, fällt immer irgendwie auf dich zurück. Auch dir wird eine Frau, die den ganzen Abend über ihre Kollegen, ihren Ex-Freund, ihre Nachbarn und ihren Bruder gelästert hat, wohl nicht in positiver Erinnerung bleiben. Außerdem kann es zu leicht passieren, dass du über etwas herziehst, was sie auch betrifft: Vielleicht trägt sie ja abends zuhause auch geringelte Leggings oder Hausschuhe mit Entenkopf oder ihr Hund ist ein Mops im rosa Rollkragenpullover oder ein Kampfhund oder kein Hund, sondern eine Katze.

Beim ersten Date geht es ja erstmal nur darum, dass ihr euch miteinander wohlfühlt. Und du willst attraktiv rüberkommen: Also sprich nicht über deine Verdauung, deinen Fußpilz, Gewichtsprobleme oder andere körperliche Gebrechen. Das interessiert niemanden außer dir und deinem Arzt! Einzige Ausnahme ist, wenn du sie in der Rheuma-Liga oder einer anderen Selbsthilfegruppe kennengelernt hast.

Solltest du zu den Männern gehören, die gerne und dauernd quatschen, macht das natürlich die ganze Sache leichter. Halte trotzdem zwischendurch einfach mal den Mund und lass sie etwas sagen, sonst erfährst du gar nichts über sie, außer, dass sie gut zuhören kann. Außerdem wird es für dich auch langweilig, wenn du bei jedem Date nur immer wieder die gleichen alten Geschichten anhören musst, die du erzählst.

Irgendwann entschließt ihr euch, das Lokal zu verlassen und es geht ans Begleichen der Rechnung und die Frage, wer was zahlt. Natürlich kann jeder von euch das bezahlen, was er/sie konsumiert hat. Das ist aber die denkbar schlechteste Methode, wenn ihr euch wiedersehen wollt. Ich meins – du deins – mehr Trennung kann man gar nicht hinkriegen.

Macht das so, wenn ihr nichts mehr miteinander zu tun haben wollt.

Eine bessere Möglichkeit ist es, die Rechnung einfach glatt zu teilen, ohne auf den Cent genau auszurechnen, wer was hatte. Das kannst du vorschlagen, wenn dein Anteil ungefähr genauso hoch oder deutlich niedriger ist als ihrer. Hattest du zwei Bier und eine Speise, sie aber nur eine kleine Cola, dann wäre es dreist, ihr die halbe Rechnung aufzudrücken. Dieser Vorschlag müsste dann (wenn überhaupt) von ihr kommen.

Bei einem kleinen Betrag – ihr hattet jeder nur einen Kaffee – solltest du die Rechnung übernehmen, wenn du es dir leisten kannst. Es wirkt schon sehr knauserig und pedantisch, wenn Normalverdiener sich die Summe von 6,80 € teilen. Bei größeren Beträgen kommt es auf eure finanziellen Möglichkeiten an und darauf, wer das Lokal ausgesucht hat. Wenn es ihr Vorschlag war, sich in einer Cocktailbar zu treffen, wo das billigste Getränk 25 € kostet, solltest du sie nur dann einladen, wenn du genügend Kohle hast. War diese Bar deine Idee und du weißt, dass sie wenig Geld zur Verfügung hat, musst du ihr schon etwas ausgeben. (Und das nächste Mal wählst du was Billigeres.)

Naturgemäß gehört dieses Ausgeben eines Getränkes mit zum Werben; daher zahlt bei der ersten Verabredung häufig der Mann. Bei weiteren Treffen sollte aber auch sie dich gelegentlich einladen.

Habt ihr euch entschlossen zu gehen, so hilfst du ihr in den Mantel. Ihr verlasst das Lokal zusammen, wobei du ihr den Vortritt lässt.

Damit es zu einem weiteren Treffen kommt, kann es hilfreich sein, einen neuen Kontakttermin auszumachen. Wenn du beim Abschied ankündigst, dass du dich am Mittwoch meldest, dann kannst du dich am Mittwoch darauf beziehen; das macht es für dich einfacher, geht aber nur, wenn du es dann auch wirklich an dem Tag tust. Du kannst natürlich auch ohne Ankündigung eine SMS schicken, in der du dich erkundigst, ob sie gut nach Haus gekommen ist oder ihr sagst, dass es schön für dich war, sie zu treffen. Aber übertreib es nicht; mit ständigen Nachrichten und Anrufen, gerade am Anfang, treibst du sie so eher in die Flucht.

IM GROSSTADT-DSCHUNGEL

Du hast es geschafft: Du bist wieder mit ihr verabredet. Es gibt eine Möglichkeit, mit der du sehr gut ausdrücken kannst, wie wichtig sie dir ist: Du holst sie von zuhause ab. (Selbstverständlich nur, wenn ihr das recht ist.) Natürlich kommt es auf die Entfernung an und auf dein Fortbewegungsmittel. Wenn ihr aus ganz weit entfernten Stadtteilen kommt, kann es sinnvoller sein, sie an der U-Bahnstation abzuholen als eine Stunde mit dem Auto quer durch die Stadt zu gurken und dabei lange im Stau zu stehen. Bedeutend ist einfach, dass du ihr überhaupt irgendwie entgegenkommst, und da gibt es verschiedene Möglichkeiten. Du wartest an der Haltestelle auf sie und sobald sie aus dem Bus steigt, trittst du ihr entgegen. Ihr wollt zusammen ein Bier trinken und du wählst eine Kneipe in der Nähe ihrer Wohnung und holst sie von zu Hause ab.

Wenn du sie mit dem Auto abholst, dann nimm dir die Zeit einzuparken und bei ihr zu klingeln oder bei Parkplatzmangel, sie vom Handy aus anzurufen, dass du da bist und sie bitte an die Straße kommen möge. Vorm Haus hupen und im Auto warten, dass sie rauskommt, geht nicht; das machst du nicht!

Sehr gentlemanlike ist es, ihr die Autotür zu öffnen und zu schließen, nachdem sie eingestiegen ist. Auch beim Aussteigen kannst du das versuchen. Ich sage absichtlich „versuchen", weil es nur geht, wenn sie dir die Möglichkeit dazu lässt. Wenn sie das mag, wird sie noch kurz nach etwas in ihrer Handtasche kramen und zufällig dann fertig sein, wenn du schon ihre Tür geöffnet hast. Eine Frau, die ihre Unabhängigkeit pflegt, steht schon neben dem Auto, bevor du überhaupt bei ihr bist.

Die ganze Show mit der Autotür ist allerdings nicht immer möglich. Beim kurzen Anhalten am Straßenrand mit viel Verkehr, ist es nicht sinnvoll, ums Auto zu sprinten und die Tür zu öffnen; da ist es wichtiger, schnell weiterfahren zu können. Nur wenn deine Mitfahrerin nicht gut selbst aussteigen kann, weil sie krank ist oder als Meerjungfrau kostümiert, hilfst du ihr trotz schwieriger Verkehrslage.

Solltet ihr gemeinsam Taxi fahren, so lässt du sie hinten rechts einsteigen. Das ist der beste Platz im Wagen mit Chauffeur. Hält das Taxi nur kurz am Fahrbahnrand, dann rutscht sie hoffentlich nach links rüber, damit du nach ihr auf der ungefährlichen Seite einsteigen kannst. Ansonsten musst du gucken, ob es für dich möglich ist auf der linken Seite einzusteigen oder ob du aus Sicherheitsgründen lieber den Platz vorne neben dem Fahrer nehmen musst. Am Taxistand oder auf einem Parkplatz gibt es dieses Problem nicht. Da könnt ihr beide hinten sitzen. Aber bevor du ums Auto läufst, guck vorsichtshalber mal, ob sie auch wirklich auf ihrem Platz bleibt oder doch durchgerutscht ist, um es dir bequemer zu machen.

Ist euer Verkehrsmittel der Bus oder die Bahn, lässt du sie zuerst aus- und einsteigen. Wenn sie in deiner Stadt Gast ist oder selten fährt und keinen Dauerfahrausweis hat, kannst du ihr eine Fahrkarte spendieren. Damit übernimmst du quasi die Führung, und es ist ungefähr so als ob du sie mit deinem Auto fahren würdest, nur eben größer und mit Chauffeur.

Wie aber sollst du mit ihr in der Stadt gehen? Wie kannst du ihr näherkommen? Mit Glück regnet es ja oder es ist glatt oder kalt. Das sind die kuscheligsten Wetterlagen. Die Chance auf Regen ist in Deutschland durchaus gegeben und mit Schirm bist du der Held. Denn wenn du nicht gerade den Sonnenschirm des Biergartens stemmst, dann ist unter einem handelsüblichen Regenschirm doch eher weniger Platz und das heißt für euch: zusammenrücken. Geht sie rechts von dir, hältst du den Schirm in der rechten Hand und bietest ihr an sich unterzuhaken. Das ist klassisch, wohlerzogen, unverbindlich und nah. Noch näher und schöner, aber weniger klassisch ist es, den Schirm in die andere Hand zu nehmen und zwischen euch zu halten und sie dabei mit der freien Hand zu umfassen. Dabei gehst du ein bisschen verdreht, sonst ist der Schirm nicht in der Mitte und sie würde nass. Es ist also für dich weniger bequem, aber sicher angenehm.

Das alles geht natürlich genauso, wenn sie den Schirm mitgebracht hat; du bietest ihr einfach an, ihn zu halten.

Einander näherkommen funktioniert auch gut, wenn sie friert. Frag einfach, ob du sie wärmen darfst. Wenn sie zustimmt, kannst du es ja mal versuchen, den Arm um sie zu legen. Die kleine Variante ist es, ihre Hand zu nehmen, wenn sie über kalte Hände klagt.

Ist es nicht nur kalt, sondern auch glatt, so ist es absolut notwendig, sich gegenseitig zu unterstützen. Der Mensch mit den rutschfesten Sohlen sollte dem anderen seinen Arm bieten. So kannst du deiner Oma und dem alten Nachbarn helfen und natürlich deiner süßen Begleiterin (oder sie dir).

Und was gibt es zu beachten, wenn ihr einfach so nebeneinander geht? Als Wichtigstes: dass sie noch neben dir ist. Es gibt Männer, die hechten mit Riesenschritten durch die Welt und wundern sich, dass die Kleine mit den geilen Highheels jetzt doch weg ist. Nein, Leute, sie ist nicht weg, sie kommt nur nicht so schnell nach! Also einfach mal abchecken, ob sie noch neben dir ist und deine Schrittlänge und Geschwindigkeit anpassen.

Als cooler Typ lässt du sie auf der ungefährlichen Seite gehen: Wenn sie Angst vor Hunden hat und ein Hund kommt euch entgegen, dann gehst du zwischen ihr und dem Hund. Wenn viele Autos dicht vorbeifahren, gehst du zwischen ihr und der Straße. Und wenn ihr irgendwo seid, wo es überhaupt nichts Spannendes gibt, gehst du an ihrer linken Seite.

Übrigens beeindruckt es Frauen nicht, dass Männer auf die Straße spucken können. Auch sie sind durchaus dazu in der Lage. Wenn die Dame an deiner Seite nicht selbst gelegentlich geräuschvoll auf die Straße rotzt, solltest du das auch nicht tun. Wenn doch, ist sie zwar keine Dame, aber ihr habt schon mal gleiche Interessen; das ist doch eine gute Basis.

Wie auch immer ihr eure gemeinsame Zeit verbringt – wenn ihr zurückmüsst, dann gilt das gleiche wie fürs Abholen: Bringe sie möglichst nachhause, bzw. zu ihrem Auto, zum Taxi, zum Bus. Beim Bus wartest du, bis er da ist und sie einsteigen kann, ebenso beim Taxi.

Wenn du sie fährst, hältst du dicht vor ihrem Eingang und wenn möglich wartest du bis sie die Tür aufschließt und falls sie dich noch zu einem Kaffee zu sich einlädt, dann weißt du aus Kapitel 4, was du wissen musst.

LASS ANDERE FÜR EUCH KOCHEN

Beruflich stark eingespannten Menschen mangelt es oft an Freizeit; das macht es schwer, sich zu verabreden. Es bietet sich daher an, das, was man sowieso tun muss, gemeinsam zu machen. Das wäre dann schlafen, duschen und essen. Ich rate aber davon ab, eine Frau, die du noch nicht gut kennst, zum miteinander Duschen oder Schlafen einzuladen. Das kommt nicht unbedingt gut an – nicht einmal mit dem Verweis auf die Vorteile im Bereich des Zeitmanagements. Bei einer Einladung zum Essen sind die Chancen hingegen gut, dass sie annimmt; also fang damit an.

Ich spreche hier bewusst von einer Einladung, nicht von einer Verabredung zum Essen. Bei der Verabredung entscheidet ihr gemeinsam, wohin ihr geht und ob und wie ihr euch die Rechnung teilt. Bei der Einladung liegen Planung und Regie beim Einladenden, unabhängig davon, ob das Date zuhause oder im Lokal stattfindet. In diesem Kapitel geht es um deine „Show", deshalb besprechen wir hier die Einladung, deine Inszenierung.

Du überlegst dir also, wo du mit ihr speisen möchtest. Weißt du, ob sie irgendwelche Dinge nicht isst, weil sie zum Beispiel Vegetarier ist? Wenn du keine Ahnung hast, wähle ein Restaurant, in dem es ein vielfältiges Angebot gibt, auf keinen Fall ein spezialisiertes Lokal wie ein Steakhaus, ein Sushi-Restaurant, ein Fischrestaurant oder ähnliches. Die Auswahl an anderen Speisen ist hier meistens recht klein. Am besten fragst du vorher, welche Küche sie bevorzugt.

Ein wichtiger Aspekt bei der Auswahl des Lokals ist das Ambiente. Der Stil des Hauses sollte euch gefallen. Ein

Nobel-Restaurant ist nur etwas für Leute, die wissen, wie man sich dort benimmt, sonst macht es keinen Spaß und ist nur Stress. (Man kann das aber in einem Knigge-Seminar lernen ;)

Ihr müsst euch beide dort wohlfühlen. Das geht nicht, wenn es so voll ist, dass die Kellner hektisch durch die Gänge flitzen und nur darauf aus sind, euch schnell wieder loszuwerden, um den Tisch wieder neu zu besetzen, oder wenn so richtig tote-Hose-Stimmung ist und ihr die einzigen Gäste seid.

Wähle möglichst ein Lokal, wo du schon einmal warst. Da weißt du, was dich erwartet, und kennst auch die Preise.

Bei beliebten Restaurants ist es angebracht, rechtzeitig einen Tisch zu reservieren; und bei allen Restaurants ist es wichtig, vorher abzuchecken, ob überhaupt geöffnet ist oder vielleicht Ruhetag, Ferien oder warme Küche nur bis … Uhr.

Wenn ihr gemeinsam ankommt, öffnest du ihr die Tür. Sie tritt ein und wartet auf dich. In vielen Lokalen kommt jetzt ein Angestellter und begrüßt euch. Du sagst ihm, dass du reserviert hast, und er wird euch zu eurem Tisch führen. In diesem Fall lässt du wieder ihr den Vortritt. Gibt es keinen „Führer", dann gehst du vor.

Solltest du im Restaurant Bekannte treffen, so reicht ein kurzer, freundlicher Gruß. Das ist wesentlich besser, als die Angebetete stehenzulassen und die Freunde beim Essen zu stören.

Am Tisch angelangt überlässt du ihr die Wahl des Sitzplatzes und setzt dich dann ihr gegenüber oder über Eck an ihre (möglichst linke) Seite. Falls es eine Eckbank gibt, auf der sie Platz nimmt, setz dich ebenfalls auf die Bank. Da kommt wieder die Psychologie ins Spiel: es fühlt sich für sie besser an, wenn du dich *zu ihr* auf die Bank setzt als *neben sie* auf den Stuhl. Plätze direkt nebeneinander auf einer Bank sind aber nicht zu empfehlen, denn so könnt ihr euch schlecht in die Augen schauen und seid mehr mit der Umgebung beschäftigt als miteinander. Um ihre Hand zu halten, musst du nicht neben ihr sitzen und für den Austausch intimerer Zärtlichkeiten ist ein Restaurant nicht der richtige Ort. Schließlich geht es hier ums Essen, und deshalb kommen wir jetzt zur Speisekarte.

Die bringt euch der Kellner und fragt vielleicht, ob ihr einen Aperitif möchtet.

Ein Aperitif ist ein leichtes, alkoholisches Getränk, das man vor dem Essen zu sich nimmt. Es soll den Magen auf die kommende Arbeit einstimmen und darum selbst nicht so kalorienreich sein. Deshalb ist ein Bier oder ein sahniger Cocktail als Aperitif ungeeignet. Besser ist ein klarer Cocktail, ein Sekt oder Prosecco oder Wermut (z.B. Martini).

Natürlich müsst ihr keinen Aperitif nehmen und könnt gleich die Getränke zum Essen bestellen. Falls ihr euch für Wein entscheidet, solltet ihr bereits bei der Bestellung wissen, welche Speisen ihr haben möchtet. Zu geschmacklich zarten Gerichten, wie Fisch, Pute und Huhn wählt man einen eher trockenen Weißwein. „Trocken" bedeutet übrigens „nicht süß". Kräftige Speisen, wie Steak, Wild, Gans und stark gewürzte mediterrane Gerichte vertragen einen Rot- oder Roséwein. Du kannst aber auch einen Weißwein nehmen, wenn dir der besser schmeckt.

Bei der Bestellung einer ganzen Flasche wird der Kellner dir einen kleinen Schluck zur Probe eingießen. Jetzt ist wieder Showtime für dich: Du hebst das Glas und schaust dir Klarheit und Farbe an, schwenkst ihn ein bisschen und begutachtest wie er am Glasinneren herunterläuft. Dann riechst du ihn und erst dann probierst du. Normalerweise nickst du dann zufrieden oder brichst in Begeisterungsstürme aus (je nach Temperament), woraufhin der Kellner zuerst deiner Begleitung und dann dir das Glas füllt. Nun ist es an dir, deiner Liebsten zuzuprosten, indem du das Glas, was du übrigens immer am Stiel anfasst, hebst und ihr in die Augen schaust.

Bei dieser Probe geht es ausschließlich darum, ob der Wein in Ordnung ist. Er darf nicht muffig schmecken oder Korkstücke enthalten. Wenn er dir zu warm ist, bitte um einen Weinkühler. Weißwein sollte max. 12 Grad haben, Rotwein max. 18 Grad. Wenn dir der Wein nicht schmeckt, weil du eine falsche Sorte ausgesucht hast, dann ist das grundsätzlich dein Problem. Du hast keinen Anspruch darauf, dass der Kellner die Flasche zurücknimmt und dir die nächste öffnet. Es sei denn er hat dich völlig falsch beraten, bringt dir also zum Beispiel statt des von dir verlangten sehr trockenen Weines einen besonders lieblichen. „Lieblich" heißt bei Wein „süß"; zwischen trocken und lieblich gibt es noch „halbtrocken".

Manchmal ist aber eine ganze Flasche zu viel für zwei Personen oder ihr möchtet verschiedene Weine trinken. Daher findest du auch auf der Karte die „offenen Weine", von denen du eine kleinere Menge bestellen kannst.

Du hast die Möglichkeit, mit Empfehlungen die Wahl der Speisen deiner Begleiterin zu lenken. Du kannst vorschlagen, die Grillplatte für 2 Personen zu nehmen oder den Hinweis geben, dass die Ente hier besonders gut und kross ist, oder ihr mitteilen, was du heute essen möchtest. So bekommt sie eine Idee davon, wie du dir das gemeinsame Essen vorstellst und wie viel es kosten darf. Wenn du mit ihr ein Menü, also ein Essen mit mehreren Gängen, essen willst, dann frage sie ganz konkret, was sie als Vorspeise möchte. Es ist am besten, ihr nehmt beide gleich viele Gänge. Der Ober serviert „gangweise", was dazu führt, dass derjenige, der nur ein Hauptgericht möchte, so lange warten muss, bis der andere, der zuerst eine Vorspeise oder Suppe (oder beides) bestellt hat, auch sein Hauptgericht serviert bekommt. Blöd für den Hauptgerichtesser, weil er dem anderen beim Essen zuschauen muss und blöd für den anderen, weil ihm beim Essen zugeschaut wird. Das ist sozusagen eine loose-loose-Situation.

Den Nachtisch bestellt man üblicherweise erst später. Du fragst sie erst nach dem Verzehr der Hauptspeise, ob sie noch ein Dessert möchte, und bittest den Kellner dann, euch dazu noch einmal die Karte zu bringen. Du kannst ihr auch einen Espresso anbieten. Beim Dessert ist es kein Problem, wenn nur einer von euch eines bestellt, denn jetzt sitzt ja niemand mehr mit knurrendem Magen da.

In meinen Etikette-Kursen werde ich immer wieder gefragt, wann man mit den Fingern essen darf. Bei Pizza hängt es vom Ambiente des Lokals ab. Als Faustregel gilt: Gibt es Stoffservietten, iss mit Besteck, gibt es Papierservietten, dann kannst du die Pizza in Tortenstücke schneiden und mit der Hand essen. Das gilt auch für Flammkuchen.

Spareribs darfst du zum Abnagen in die Hand nehmen. Bei Miesmuscheln isst du mit der Gabel das Muschelfleisch der ersten Muschel; dann legst du die Gabel zur Seite und benutzt die leere Muschelschale wie eine Zange, um das Innere der übrigen Muscheln zu verzehren.

Spaghetti sollte man nicht schneiden, sondern mit der Gabel aufrollen. Das klappt gut, wenn man nur zwei Nudeln auf einmal rollt, sonst wird das Knäuel zu dick. Streng genommen benutzt man dazu eigentlich keinen Löffel, aber in normalen Restaurants und Pizzerien ist es völlig ok, die Spaghetti mit der Gabel auf dem Löffel zu rollen. Falls dir die Rollerei zu schwierig ist, bestell dir einfach kurze Nudeln und übe mal allein zuhause das Spaghettiessen.

Was du nicht tun solltest ist, die Serviette in deinen Kragen zu stecken wie ein Lätzchen. Das macht man nur beim Knacken von Krebsen oder Hummern. Die Serviette gehört auf deinen Schoß. Du benutzt sie zum Abtupfen des Mundes vorm Trinken, denn es sieht – gerade auf dünnen Gläsern – eklig aus, wenn am Glasrand Speisereste kleben. Nach dem Essen legst du sie locker gefaltet neben den Teller.

Wenn es nicht brennt oder deine Begleiterin ohnmächtig vom Stuhl fällt, gibt es keinen Grund während des Essens aufzustehen. Dringende Toilettengänge kannst du zwischen den einzelnen Menüpunkten erledigen.

Übrigens sollten auch Zahnstocher nur im Waschraum benutzt werden und nicht bei Tisch.

Der Mann von Welt bezahlt die Rechnung gern möglichst unauffällig. Deshalb bringt der Kellner sie in besseren Restaurants zumeist irgendwo versteckt, häufig in einer kleinen Mappe. Du legst dein Bargeld oder deine Karte genauso dezent dazu und gibst ca. 10 % Trinkgeld, wenn du mit dem Service zufrieden warst. Es ist aber auch möglich, am Tresen zu bezahlen. Dadurch vermeidest du, dass dein Gast den Rechnungsbetrag erfährt.

Bevor ihr geht, hilfst du ihr wieder in den Mantel und lässt sie vorgehen. Wahrscheinlich habt ihr bereits im Restaurant besprochen, ob ihr noch in eine Bar wollt oder nicht. Vielleicht lädt sie dich ja noch auf einen Drink zu sich ein, wenn du sie nachhause bringst. Falls nicht, mach dir keine Sorgen. Auch bei Frauen ist es nicht immer so aufgeräumt, dass jederzeit Besuch kommen kann. Oder vielleicht ist es einfach schon zu spät und sie muss morgen früh raus …

Immerhin kennt ihr euch jetzt schon besser, sodass du sie das nächste Mal auch zu dir einladen kannst. Vielleicht noch nicht zum Schlafen und Duschen aber zum Essen – erstmal …

... ODER
KOCHE SELBST

Eine Frau zu sich nachhause zum Essen einzuladen – das ist schon etwas Besonderes. Wenn ihr gemeinsam kocht, ist das ein Spaß-Event; kochst du aber allein nur für sie, so ist das eine spezielle Art von Umsorgen und Verwöhnen. Sie wird das sicherlich sehr genießen, es sei denn sie hat eine Essstörung oder ist gerade auf Diät. Dabei kommt es nicht darauf an, wie raffiniert dein Mahl ist. Es sollte allerdings gut schmecken.

Was braucht es für ein tolles Dinner zuhause?

Erst einmal natürlich eine Kochgelegenheit. Wenn du da schlecht ausgerüstet bist, weil du nur ein Zimmer in einem Studentenwohnheim hast, dann nimm einen Lieferservice zu Hilfe oder Fertigprodukte. Eine Tütensuppe oder einen Salat als Vorspeise, dann eine gelieferte Pizza für zwei Personen und als Nachtisch Joghurt oder Pudding aus dem Kühlregal – so etwas geht immer und überall. Wenn du natürlich eine Küche hast, geht noch mehr.

Außerdem brauchst du noch einen Ort, wo ihr ungestört speisen könnt. Das kann für WG-Mitglieder durchaus ein Problem sein. Mitbewohner, die auch in der Wohnküche sitzen wollen oder deine Kochbemühungen kommentieren, können ziemlich nerven. Zur Not machst du mit ihr ein Picknick auf deinem Bett. Das kann sehr schön werden, wenn es nicht gerade Suppe gibt.

Achte auf eine schöne Atmosphäre, da wo ihr speisen wollt: dezentes Licht, Kerzen, die richtige Temperatur und passende Musik.

Und dann brauchst du natürlich noch eine gute Idee, was du für sie kochst. Pasta mit einer leckeren Soße ist meistens eine gute Wahl und auch sehr einfach. Fleisch oder Fisch brauchen schon ein wenig mehr Kocherfahrung. Kauf dir ein Kochbuch, das deinem Können entspricht, da findest du viele Anregungen. Sehr variabel und leicht zu machen ist zum Beispiel ein Auflauf. Du kannst ihn vegan oder mit Lachs oder Schinken, mit Nudeln, Kartoffeln oder Reis machen. Dieses Gericht hat den Vorteil, dass du es vorbereiten kannst, solange sie noch nicht da ist. Du schiebst es dann in den Backofen und musst in ihrer Anwesenheit nichts anderes tun als das Essen zur richtigen Zeit herauszuholen. (Ok, das kann auch schwierig sein, wenn es bei euch gerade so richtig gut läuft. Dann vielleicht doch Salat?)

Das, was aus deinem Auflauf oder Nudelgericht ein tolles Dinner macht, sind drei Dinge:

- 🍽 Eine Speisenfolge
- 🍽 Die Präsentation
- 🍽 Ausgewählte Getränke

Ein Menü ist ein Essen mit mehreren Gängen, das hatten wir schon im vorigen Kapitel. Das Standardessen ist bei Deutschen zuhause ein Gang: eine Hauptspeise. Also, wenn du ihr was bieten willst, hau noch zwei Gänge drauf. Das ist einfach und macht Eindruck. Du kannst vorm Hauptgericht eine Suppe servieren. (Da gibt es auch wirklich feine Sachen in Dosen.) Es geht auch ein frischer Salat, Mozzarella mit Tomate, Melone mit Schinken oder spanische Salami mit Oliven und Brot. Als Dessert kannst du etwas mit Obst machen, vielleicht einen Obstsalat (Gib etwas Zitronensaft dazu, dann werden Äpfel und Bananen nicht braun, und Honig, dann wird es nicht zu sauer.) oder Vanillequark mit frischem Obst oder Eis. Du findest im Kühlregal viele Leckereien, die du auch kombinieren kannst zur „Dessertvariation".

Wenn ihr nicht so auf Süßes steht, dann kauf drei Sorten Käse, ein paar Trauben und etwas Baguette als Abschluss des Menüs.

Dein Essen soll etwas Besonderes sein, daher musst du es auch so präsentieren. Dazu gehört ein schön eingedeckter Tisch. Ist dein Tisch eher hässlich und alt als vintage oder antik, empfehle ich dir, eine weiße Tischdecke aufzulegen. Falls du keine hast und auch keine willst, kannst du eine hochwertige Einwegdecke kaufen. Bei einem tollen Holz- oder Glastisch ist das nicht zwingend nötig. Hier reichen auch Platzdeckchen, um dafür zu sorgen, dass der Teller nicht rutscht und das Absetzen des Glases leise ist.

Servietten und Kerzen in der gleichen Farbe machen das Ganze perfekt, vorausgesetzt du hast richtig eingedeckt. Das geht so:

🍴 Du deckst die großen Teller für das Hauptgericht ein, rechts daneben das Messer mit der scharfen Seite zum Teller und auf die linke Seite des Tellers die Gabel. Bei Nudelgerichten legst du die Gabel nach rechts und einen großen Löffel nach links. Nudelauflauf und Lasagne müssen allerdings geschnitten werden und werden deshalb mit Messer und Gabel gegessen.

🍴 Als nächstes deckst du das Besteck für die Vorspeise ein. Für eine Suppe kommt der Löffel rechts neben das Besteckteil des Hauptgerichts, für etwas, was man schneiden muss, legst du ein Messer rechts daneben und eine Gabel auf die linke Seite.

🍴 Dessertbesteck gehört über den Teller, wobei der kleine Löffel nach links und die Kuchengabel nach rechts zeigt.

🍴 Oberhalb der Spitze des Messers zum Hauptgericht stellst du das Glas für das Getränk zur Hauptspeise. Ein weiteres Glas kannst du rechts neben das erste stellen. Wahrscheinlich hast du ein Weinglas und ein Wasserglas. Soll es vorm Essen noch Sekt geben, stellst du auch dieses Glas rechts daneben.

🍴 Die Serviette legst du am besten auf den Teller.

Beim Essen ist es dann so, dass die außen liegenden Besteckteile zuerst benutzt werden und auch die äußeren Gläser.

Die Speisen kannst du entweder in der Küche auf die Teller füllen oder auf Platten, bzw. in Schüsseln anrichten. Aufläufe und überbackene Ofengerichte werden in der Auflaufform serviert. Denk daran, wenn du dir mal eine kaufst, dass sie neutral und schlicht ist, das passt immer.

Bei der Wahl des Geschirrs kannst du ruhig Phantasie miteinbringen. Du kannst Suppe auch in Kaffeetassen, Müslischalen oder Marmeladengläsern servieren, Hauptsache man kann daraus löffeln. Beim Nachtisch kannst du zusätzlich noch Wein- oder Cocktailgläser oder flache, breite Gläser benutzen. Für die Dessertvariation nimmst du flache Teller, auf denen du Pudding in Form bringst (mit dem Suppenlöffel oder dem Messer), etwas geschnittenes Obst mit einem Klecks Sahne und ein Kugel Eis mit Soße. Als Deko noch Minzblätter, Waffeln, dünne Schokotäfelchen – und schon hast du dein persönliches Sterne-Dessert kreiert.

Für ein wirklich edles Menü brauchst du auch die passenden Getränke. Serviere einen Aperitif. Wenn Sekt nicht so dein Ding ist, mach einen Caipirinha oder eine Apfelsaftschorle auf Eis mit Pfefferminzblättern. Zur Vor- und Hauptspeise bietest du den passenden Wein an oder als alkoholfreie Alternative einen Traubensaft, den du auch ins Weinglas füllen kannst und der genauso gut aussieht. Zum Nachtisch reichst du einen Likör (Bayley´s, Eierlikör, Amaretto), einen nicht zu trockenen Sekt oder einen sahnigen Cocktail wie Pinacolla-da und einen Espresso. Außerdem gibt es natürlich Wasser zusätzlich zum Wein.

Nach dem Öffnen einer Weinflasche gießt du zuerst ein wenig in dein Glas, damit du siehst, ob vielleicht Kork darin ist. Danach füllst du ihres und dann deines ganz, wobei man Weingläser nur ungefähr zur Hälfte füllt, große Rotweinkelche sogar nur zu einem Drittel.

Schmutzige Gläser und Teller, die nicht mehr gebraucht werden, räumst du nach jedem Gang ab. Komm aber bloß nicht auf die Idee, die Küche aufzuräumen während deine Angebetete noch da ist. (Solange es nicht ihre Küche ist, wird sie das nicht als Vorspiel durchgehen lassen.)

Und nun sind wir wieder an einem Punkt, wo es gar nicht mehr ums Essen geht, sondern um euch … Lief doch alles bestens. Also viel Spaß euch beiden.

6. Siehste, geht doch...!

Cool, du hast bis hierher gelesen.

Wahrscheinlich hast du auch den einen oder anderen
Hinweis beherzigt. Bei anderen wirst du sagen
„Das ist jetzt aber übertrieben!".

Ja, stimmt, ist es.

Nicht jede Frau will, dass du ihr die Autotür aufhältst oder in
den Mantel hilfst.

Und vielleicht willst du auch gar keine, die das mag.

Dann ist es auch ok, das nicht zu tun; schließlich sollt ihr
nicht irgendetwas spielen.

Aber falls du deine **Prinzessin** triffst

oder eine **Diva**

oder die **scharfe Maus,** die du schon immer beeindrucken
wolltest,

oder eine **Ministerin**

oder eine aus dem **Vorstand**

oder die **Tochter** deines Chefs,

**dann ist es gut, dass du die passenden
Umgangsformen kennst.**

Es kostet dich nichts, deine Hände zu pflegen oder dein Hemd in die Hose zu stecken. Es macht keine Mühe, deine Wohnung zu lüften oder eine Kerze anzuzünden. Und wenn du ihr aus deinem alten rostigen Fiat hilfst, wird sie von ihren Mädels mehr beneidet als wenn sie sich allein aus einem Porsche herausquälen muss.

Was diese Tipps dir bringen ist Vielseitigkeit und die Möglichkeit auch mal Bundesliga zu spielen und nicht nur Ersatzmann in der Kreisliga. Du hast einfach mehr Auswahl in der Damenwelt.

EIN TOLLER TYP WARST DU SCHON IMMER, ABER JETZT MERKEN'S DIE ANDEREN AUCH ...

Weiter so.

Du bist gut.

Zeig's ihnen.

Zeitfracht Medien GmbH
Ferdinand-Jühlke-Straße 7
99095 Erfurt, Deutschland
produktsicherheit@kolibri360.de